120+ Retos para divertirte con Python.

Introducción:

Bienvenido a Encuentra los Errores en Python, una aventura divertida en el mundo de la programación. Este libro es una guía emocionante para aprender Python, el lenguaje de programación de moda. Desde lo más sencillo hasta desafíos que te pondrán los pelos de punta, este libro te llevará en un viaje divertido a través de los conceptos fundamentales de la programación.

La programación puede ser un desafío, pero también puede ser una experiencia emocionante y gratificante, queremos hacer que el aprendizaje de Python sea aún más interesante y entretenido. Cada ejercicio de este libro es como un enigma por resolver y cada página te acercará más al dominio de Python.

¿Qué encontrarás en este libro?

Diviértete con Python está organizado en una serie de ejercicios que van desde lo más sencillo hasta un nivel donde podrás escribir tus primeros programas completos. Cada ejercicio está diseñado para desafiar tu mente y mejorar tus habilidades de programación.

¿Cómo está organizado el libro?

Los ejercicios están organizados por grado de dificultad, desde los más fáciles hasta los más desafiantes. A medida que avances en el libro, enfrentarás desafíos cada vez más complicados, pero ¡no te preocupes! Al final del libro encontrarás todas las respuestas y soluciones, para que puedas enfrentar cualquier error que se cruce en tu camino.

Índice

Introducción:	1
Índice	3
Reto 1: Imprimir Hola Mundo	13
Reto 2: Suma de dígitos	14
Reto 3: Hola Mundo 2	15
Reto 4: Imprimir resultado	16
Reto 5: Hola Mundo (def)	17
Reto 6: Hola Mundo (saludo)	18
Reto 7: Cadena a variable	19
Reto 8: Suma de 2 números	20
Reto 9: producto de 2 números	21
Reto 10: Cuadrado de un número	22
Reto 11: Área de un circulo	23
Reto 12: Área de un rectángulo ()	24
Reto 13: Área de un rectángulo	25
Reto 14: Valor de una variable	26
Reto 15: Cálculo de área	28
Reto 16: Imprimir mensaje	29
Reto 17: Imprimir una lista	34
Reto 18: Imprimir número (def)	35
Reto 19: Imprimir fin de bucle	36
Reto 20: Imprimir número	37
Reto 21: Imprimir Hola Mundo (def)	38
Reto 22: Imprimir Fin de la Interacción	39

Reto 23: Imprimir 2 condiciones (def)	40
Reto 24: Imprimir 2 condiciones (for)	41
Reto 25: Imprimir 2 condiciones (def,for)	42
Reto 26: Imprimir 2 condiciones (ind.)	43
Reto 27: Indentación	44
Reto 28: Indexación de lista	45
Reto 29: Promedio de 3 números	46
Reto 30: Área de un círculo	47
Reto 31: Número igual a 10	48
Reto 32: Imprimir números	49
Reto 33: Sintáxis	51
Reto 34: Operadores lógicos	52
Reto 35: Convertir cadena	54
Reto 36: Indexación de cadena	55
Reto 37: Número par o impar	56
Reto 38: Número positivo, negativo, cero	57
Reto 39: Suma de 2 números	58
Reto 40: Imprimir el cuadrado	59
Reto 41: Contar vocales	60
Reto 42: Imprimir números	61
Reto 43: Imprimir números	62
Reto 44: Imprimir números	63
Reto 45: Área de un triángulo	64
Reto 46: Verificar Número	65
Reto 47: Imprimir Número	66
Reto 48: Redondeo de Número	67
Reto 49: Lista de Números	68
Reto 50: Contar Números	69
Reto 51: Lista de Nombres	70
Reto 52: Lista de colores	71
Reto 53: Contar Letras	72
Reto 54: Máximo de 2 Números	73
Reto 55: Elevar un número	74
Reto 56: Determinar un número	75
Reto 57: primeros 5 números	76

Reto 58: Suma de números	77
Reto 59: Imprimir Números	78
Reto 60: Imprimir Números	79
Reto 61: Imprimir Números	80
Reto 62: Ingresar Número	81
Reto 63: Ingresar Número	83
Reto 64: Ingresar Número	85
Reto 65: Imprimir n numeros	86
Reto 66: Número perfecto	87
Reto 67: Cadena de caracteres	88
Reto 68: Ingresar Lista	89
Reto 69: Ingresar Número	90
Reto 70: Ingresar Cadena	91
Reto 71: Palíndromo	92
Reto 72: Pangrama	93
Reto 73: Número más grande	94
Reto 74: Suma de dígitos	95
Reto 75: Número de Amstrong	96
Reto 76: Lista de Palabras	97
Reto 77: Lista de números	98
Reto 78: Cadena de Texto	99
Reto 79: Ingresar Lista	100
Reto 80: Ingresar cadena	101
Reto 81:Ingresar Lista	102
Reto 82:Ingresar Lista	103
Reto 83:Ingresar números	104
Reto 84: Ingresar Lista	105
Reto 85: Ingresar cadena	106
Reto 86: Ingresar lista	107
Reto 87: Ingresar números	108
Reto 88: Ingresar cadena	109
Reto 89: Ingresar Lista	110
Reto 90: Ingresar Cadenas	111
Reto 91: Ingresar Lista	112
Reto 92: Ingresar Cadenas	113

Reto 93: Ingresar Lista	114
Reto 94: Ingresar Lista	115
Reto 95: Ingresar Lista	116
Reto 96: Ingresar Lista	117
Reto 97: Ingresar números	118
Reto 98: Ingresar Lista	119
Reto 99: Ingresar Lista	120
Reto 100: Número Impar o Par	121
Reto 101: Número Máximo	122
Reto 102: Múltiplos	123
Reto 103: Área de Círculo	125
Reto 104: Suma de Números	126
Reto 105: Divisores	127
Reto 106: Número Primo	128
Reto 107: Primos Menores	129
Reto 108: Cadena Texto	130
Reto 109: Números Pares	131
Reto 110: Lista de Palabras	133
Reto 111: Lista de Números	134
Reto 112: Lista de palabras	135
Reto 113: Lista de Números	136
Reto 114: Divisor	137
Reto 115: Raíces cuadráticas	138
Reto 116: Suma	140
Reto 117: Mensaje	141
Reto 118: Número Positivo, negativo	142
Reto 119: Clasificación de números	143
Reto 120: Suma de dígitos	144
Reto 121: Palíndromo	145
Reto 122: Cálculo del factorial	146
Reto 123: Ordenamiento de lista	147
Reto 124: Cálculo de la secuencia de Fibonacci	148

Breve Introducción a Python.

¿Qué es Python?

Python es un lenguaje de programación interpretado, de alto nivel y de propósito general. Fue creado a finales de la década de 1980 por Guido van Rossum y es conocido por su sintaxis clara y legible. Python es ampliamente utilizado en una variedad de campos, incluyendo desarrollo web, análisis de datos, inteligencia artificial, automatización de tareas y mucho más.

Instalación de Python

Antes de comenzar a escribir código en Python, es necesario instalar el intérprete de Python en tu sistema. Puedes descargar e instalar Python desde el sitio web oficial de Python (python.org). Asegúrate de descargar la versión más reciente de Python compatible con tu sistema operativo.

Primer programa en Python

El primer programa que generalmente se escribe al aprender un nuevo lenguaje de programación es un programa "Hola Mundo". En Python, un programa "Hola Mundo" es extremadamente simple:

```
print("¡Hola Mundo!")
```

Este programa imprimirá la frase "¡Hola Mundo!" en la consola cuando se ejecute.

Variables y tipos de datos básicos

En Python, las variables se utilizan para almacenar datos. No es necesario declarar explícitamente el tipo de una variable; Python infiere automáticamente el tipo basándose en el valor asignado a la variable. Algunos de los tipos de datos básicos en Python incluyen:

- int: **números enteros, por ejemplo,** 5, -3, 1000.
- float: **números de punto flotante, por ejemplo,** 3.14, 2.718.
- str: **cadenas de texto, por ejemplo,** "hola", "python".
- bool: **valores booleanos** True y False.

Los operadores se utilizan para realizar operaciones en los datos. Algunos operadores comunes en Python incluyen operadores aritméticos (+, -, *, /), operadores de comparación (==, !=, <, >), y operadores lógicos (and, or, not)

ERRORES DE SINTAXIS.

Los errores de sintaxis son aquellos errores que ocurren cuando el intérprete de Python no puede comprender el código debido a una violación de las reglas de sintaxis del lenguaje. Estos errores se producen durante la etapa de análisis del código fuente, antes de que el programa se ejecute.

Algunos ejemplos comunes de errores de sintaxis en Python incluyen:

Olvidar los dos puntos (:) al final de una declaración de control de flujo: Por ejemplo, en un bucle for o un bloque if, es necesario colocar los dos puntos al final de la línea que define la estructura.

```
for i in range(5) # Falta el colon (:)
 print(i)
```

Olvidar cerrar paréntesis, corchetes o llaves: Si abrimos un paréntesis, corchete o llave, debemos asegurarnos de cerrarlo correctamente.

```
print("Hola" # Falta cerrar paréntesis
```

Uso incorrecto de comillas: Si se usan comillas para delimitar una cadena, es importante asegurarse de usar el mismo tipo de comillas al principio y al final de la cadena.

```
print('Hola") # Comillas no coinciden
```

Declaraciones incorrectas de función o variable: Las funciones y variables deben declararse correctamente siguiendo las reglas de nomenclatura de Python y evitando palabras clave o caracteres especiales no permitidos.

```
1variable = 10 # Nombre de variable inválido
```

Indentación incorrecta: La indentación incorrecta puede generar errores de sintaxis, ya que Python utiliza la indentación para determinar la estructura del código. Por ejemplo, si una línea de código no está indentada correctamente dentro de un bloque, Python podría generar un error de sintaxis.

```
if True:
print("Hola") # Falta indentación
```

Estos son solo algunos ejemplos de errores de sintaxis comunes en Python.

Reto 1: Imprimir Hola Mundo

El siguiente programa debería imprimir "Hola, mundo!" en la consola, pero contiene un error. Encuentra y corrige el error para que el programa funcione correctamente.

```
print("Hola, mundo!)
```

Escribe aquí tu respuesta:

Reto 2: Suma de dígitos

El siguiente programa debería imprimir el resultado de la operación mostrada en la consola, pero contiene un error. Encuentra y corrige el error para que el programa funcione correctamente.

```
resultado = (3 + 4 * 2
print(resultado)
```

Respuesta:

Reto 3: Hola Mundo 2

El siguiente programa debería imprimir "Hola, mundo!" en la consola, pero contiene un error. Encuentra y corrige el error para que el programa funcione correctamente.

```
Print("Hola Mundo")
```

Escribe aquí tu respuesta:

Reto 4: Imprimir resultado

El siguiente programa debería imprimir el resultado de la operación mostrada en la consola, pero contiene un error. Encuentra y corrige el error para que el programa funcione correctamente.

```
if 10 = 10:
    print("Los números son iguales")
```

Escribe aquí tu respuesta:

Reto 5: Hola Mundo (def)

El siguiente programa debería imprimir "Hola, mundo!" en la consola, pero contiene un error. Encuentra y corrige el error para que el programa funcione correctamente.

```
def saludar()
  print("Hola Mundo")
```

Respuesta:

Reto 6: Hola Mundo (saludo)

El siguiente programa debería imprimir "Hola, mundo!" en la consola, pero contiene un error. Encuentra y corrige el error para que el programa funcione correctamente.

```
saludo = "Hola" + "Mundo"
print(saludo)
```

Respuesta:

Reto 7: Cadena a variable

El siguiente código intenta asignar una cadena a una variable. Encuentra y corrige el error.

```
mensaje = Hola Mundo!
print(mensaje)
```

Respuesta:

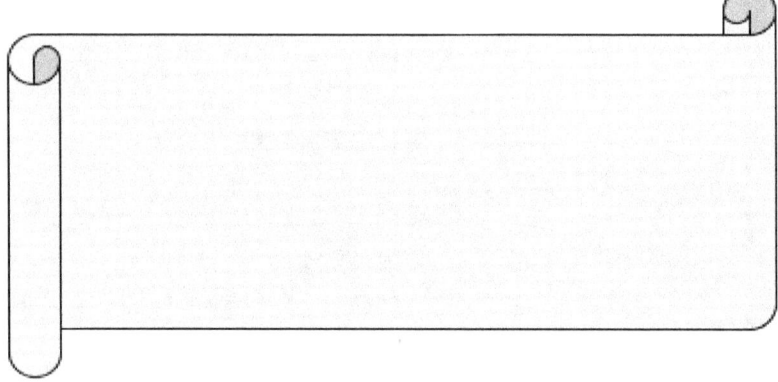

Reto 8: Suma de 2 números

El siguiente programa debería calcular la suma de dos números y mostrar el resultado, pero contiene un error. Encuentra y corrige el error para que el programa funcione correctamente.

```
num1 = 5
num2 = 3
suma = num1 + num2
print("La suma de num1 y num2 es:", suma
```

Respuesta:

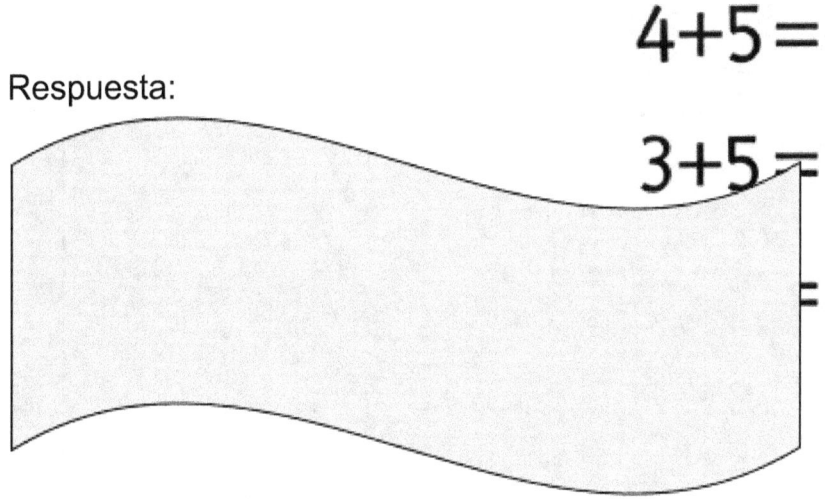

Reto 9: producto de 2 números

El siguiente programa debería calcular el producto de dos números y mostrar el resultado, pero contiene un error. Encuentra y corrige el error para que el programa funcione correctamente.

```
numero1 = 4
numero2 = 6
producto = numero1 * numero2
print("El producto de numero1 y numero2 es:" producto)
```

Respuesta:

Reto 10: Cuadrado de un número

El siguiente programa debería calcular el cuadrado de un número y mostrar el resultado, pero contiene un error. Encuentra y corrige el error para que el programa funcione correctamente.

```
numero = 8
cuadrado = numero ** 2
print("El cuadrado de", numero, "es" cuadrado)
```

Respuesta:

Reto 11: Área de un circulo

El siguiente programa debería calcular el área de un círculo dado su radio y mostrar el resultado, pero contiene un error. Encuentra y corrige el error para que el programa funcione correctamente.

```
pi = 3.14159
radio = 5
area = pi * radio ** 2
print("El área del círculo es" area)
```

Respuesta:

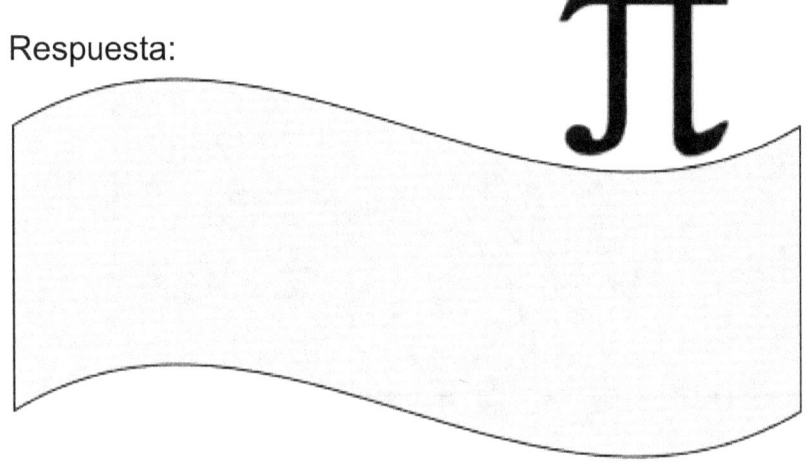

Reto 12: Área de un rectángulo ()

El siguiente programa debería calcular el área de un rectángulo dado su longitud y su anchura, y mostrar el resultado, pero contiene un error. Encuentra y corrige el error para que el programa funcione correctamente.

```
longitud = 10
anchura = 5
area = longitud * anchura
print("El área del rectángulo es:", area
```

Respuesta:

Reto 13: Área de un rectángulo

El siguiente programa debería calcular el área de un rectángulo dado su longitud y su anchura, y mostrar el resultado, pero contiene un error. Encuentra y corrige el error para que el programa funcione correctamente.

```
base = 5
altura = 4
area = base * altura
print("El área del rectángulo es:", area)
```

Respuesta:

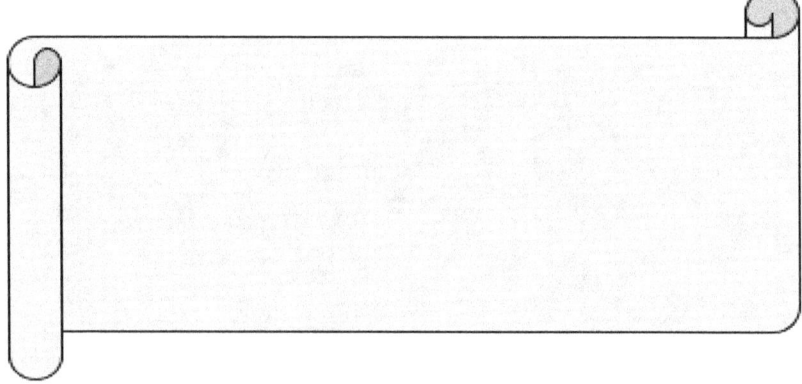

Reto 14: Valor de una variable

El siguiente código intenta asignar un valor a una variable. Sin embargo, hay un error de sintaxis en el nombre de la variable.

```
mi-variable = 10

print(mi-variable)
```

Encuentra y corrige el error en el nombre de la variable.

Respuesta:

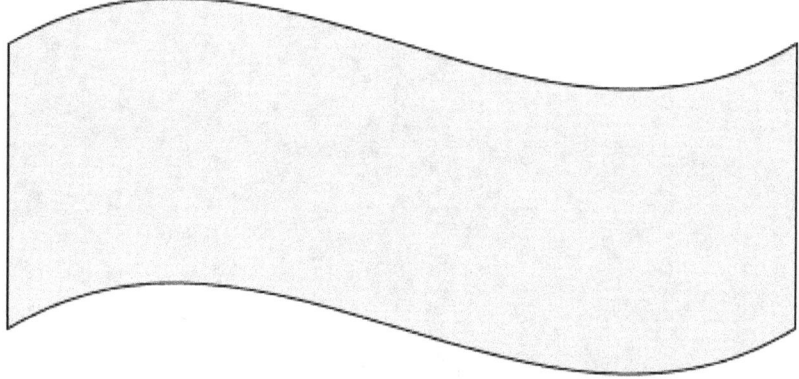

ERRORES EN OPERADORES ARITMÉTICOS.

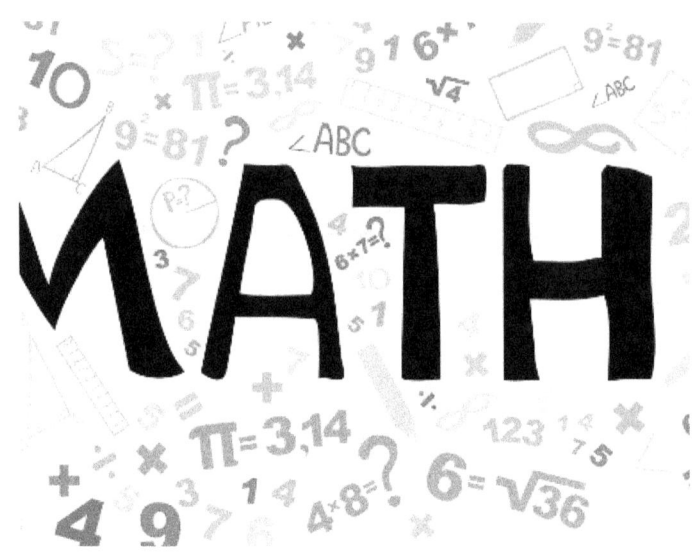

Reto 15: Cálculo de área

En este ejercicio, se intenta calcular el área de un rectángulo. Sin embargo, hay un error en la expresión aritmética.

```
base = 5
altura = 3
area = base * altura / 2
print("El área del rectángulo es:", area)
```

Encuentra y corrige el error en la expresión aritmética para calcular correctamente el área.

Respuesta:

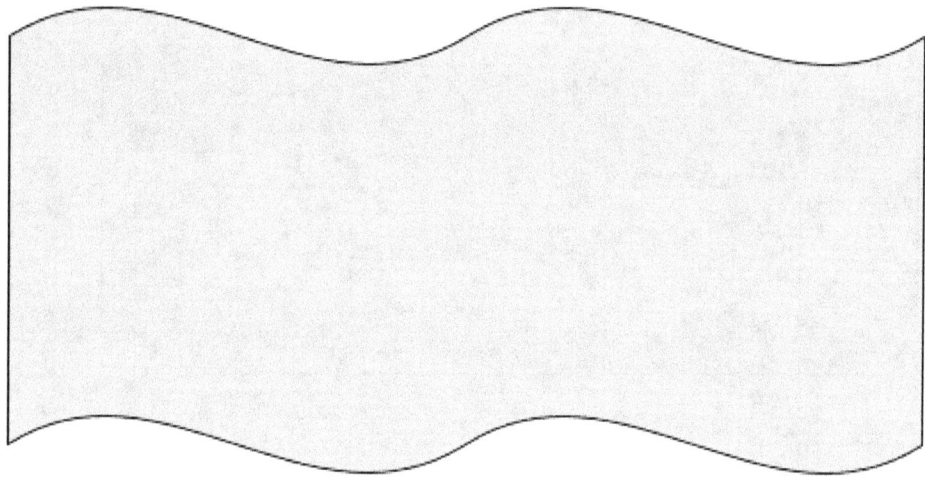

Reto 16: Imprimir mensaje

El siguiente código intenta imprimir un mensaje que incluye un número y una cadena. Sin embargo, hay un error de tipo en la operación de concatenación.

```
numero = 10
mensaje = "El número es: " + numero
print(mensaje)
```

Encuentra y corrige el error para que se pueda imprimir el mensaje correctamente.

Respuesta:

ERRORES DE INDENTACIÓN.

La indentación en programación se refiere al espaciado o sangrado que se utiliza para estructurar el código fuente y definir bloques de código. En muchos lenguajes de programación, incluyendo Python, la indentación no es solo una cuestión de estilo de código, sino que tiene un significado semántico y afecta la ejecución del programa.

En Python, la indentación se utiliza para delimitar bloques de código en estructuras como bucles, condicionales, funciones y clases. Esto significa que las líneas de código que están dentro del mismo bloque deben tener la misma cantidad de espacios o tabulaciones al principio de la línea. Esto es crucial para que el intérprete de Python comprenda la estructura del programa y ejecute el código de manera adecuada.

Por ejemplo, en un bucle for en Python, el bloque de código que se ejecuta en cada iteración del bucle debe estar indentado con respecto a la línea que define el bucle:

```
for i in range(5):
    print(i)
```

En este ejemplo, la línea print(i) está indentada con respecto a la línea for, lo que indica que es parte del bloque de código del bucle for. Si no se respetara la indentación correcta, Python podría generar un error de sintaxis o el programa podría no funcionar como se espera.

La indentación en Python es una característica distintiva del lenguaje y ayuda a que el código sea más legible y fácil de entender. Sin embargo, puede requerir un poco de atención adicional por parte del programador para asegurarse de que se aplique correctamente en todo el código.

La regla básica de la indentación en Python es que los bloques de código deben estar indentados con una cantidad consistente de espacios o tabulaciones. Esto significa que todas las líneas de código que pertenecen al mismo bloque deben tener la misma cantidad de espacios o tabulaciones al principio de la línea. La mayoría de las convenciones de estilo de código en Python recomiendan el uso de espacios en lugar de tabulaciones para la indentación.

La cantidad de espacios recomendada para la indentación en Python es de 4 espacios. Este es el estándar utilizado en la comunidad de Python y es compatible con la mayoría de los editores de texto y entornos de desarrollo integrados (IDE). El uso de 4 espacios para la indentación ayuda a que el código sea más legible y facilita la comprensión de la estructura del programa.

Es importante mantener la consistencia en la indentación a lo largo del código para evitar errores de sintaxis y asegurar que el intérprete de Python pueda entender correctamente la estructura del programa.

Reto 17: Imprimir una lista

En este reto, se intenta imprimir una lista de números pares del 0 al 10. Sin embargo, hay un error de indentación en el bucle for.

```
for i in range(11):
print(i * 2)
```

Encuentra y corrige el error de indentación para que el código funcione correctamente.

Respuesta:

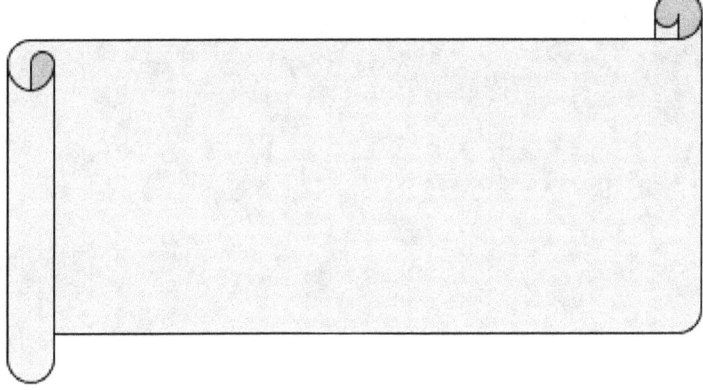

Reto 18: Imprimir número (def)

En este ejercicio, se intenta imprimir numero. Sin embargo, hay un error de indentación.

```
def imprimir_numero(numero):
print("El número es:", numero)
```

Encuentra y corrige el error de indentación para que el código funcione correctamente.

Respuesta:

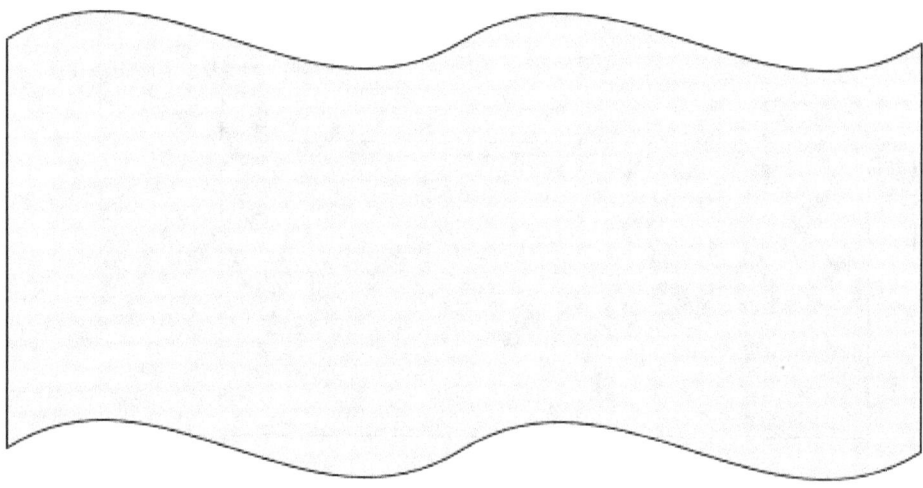

Reto 19: Imprimir fin de bucle

En este ejercicio, se intenta imprimir fin del bucle. Sin embargo, hay un error de indentación.

```
for i in range(5):
print(i)
   print("Fin del bucle")
```

Encuentra y corrige el error de indentación para que el código funcione correctamente.

Respuesta:

Reto 20: Imprimir número

En este ejercicio, se intenta imprimir el número que sea positivo o negativo. Sin embargo, hay un error de indentación.

```
if x > 0:
print("El número es positivo.")
else:
    print("El número es negativo.")
```

Encuentra y corrige el error de indentación para que el código funcione correctamente.

Respuesta:

Reto 21: Imprimir Hola Mundo (def)

En este ejercicio, se intenta imprimir Hola Mundo. Sin embargo, hay un error de indentación.

```
def funcion():
print("Hola")
print("Mundo")
```

Encuentra y corrige el error de indentación para que el código funcione correctamente.

Respuesta:

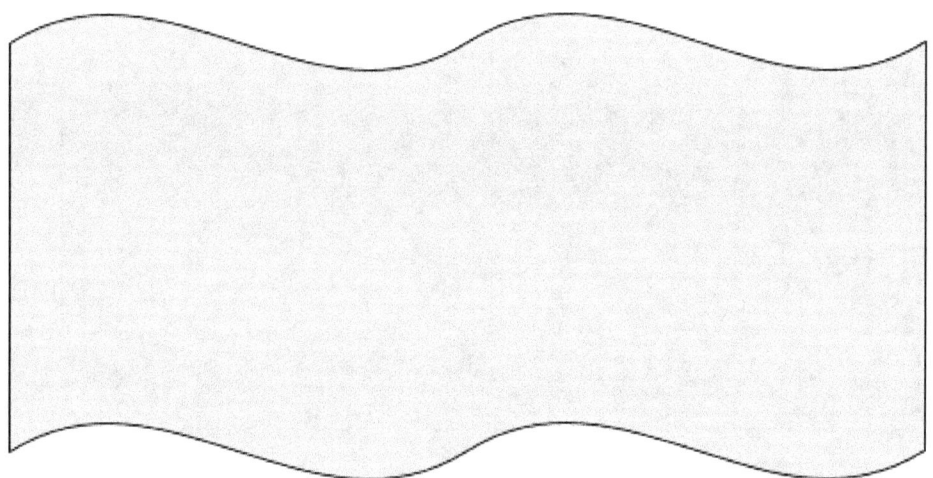

Reto 22: Imprimir Fin de la Interacción

En este ejercicio, se intenta imprimir Fin de la Interacción. Sin embargo, hay un error de indentación.

```
for i in range(3):
print("Iteración:", i)
 print("Fin de la iteración")
```

Encuentra y corrige el error de indentación para que el código funcione correctamente.

Respuesta:

Reto 23: Imprimir 2 condiciones (def)

En este ejercicio, se intenta imprimir dos condiciones. Sin embargo, hay un error de indentación.

```
def mi_funcion():
    if condicion:
        print("Condición verdadera.")
    else:
print("Condición falsa.")
```

Respuesta:

Reto 24: Imprimir 2 condiciones (for)

En este ejercicio, se intenta imprimir dos condiciones. Sin embargo, hay un error de indentación.

```
for i in range(2):
print("Iteración 1:", i)
    print("Iteración 2:", i)
```

Respuesta:

Reto 25: Imprimir 2 condiciones (def, for)

En este ejercicio, se intenta imprimir dos condiciones. Sin embargo, hay un error de indentación.

```
def mi_funcion():
 for i in range(3):
 print("Número:", i)
```

Respuesta:

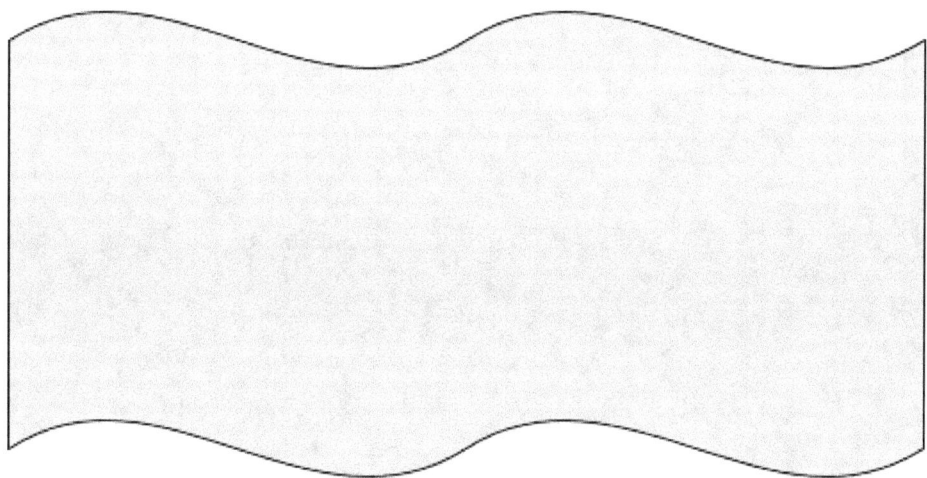

Reto 26: Imprimir 2 condiciones (ind.)

En este ejercicio, se intenta imprimir dos condiciones. Sin embargo, hay un error de indentación.

```
if x > 0:
    print("El número es positivo.")
else:
print("El número es negativo.")
```

Respuesta:

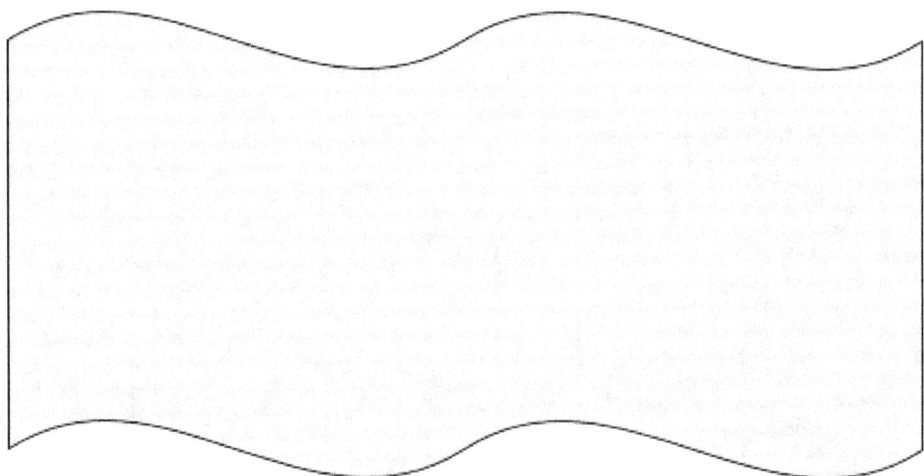

Reto 27: Indentación

Error de indentación en un bloque de código

En este ejercicio, se intenta imprimir los números del 1 al 5. Sin embargo, hay un error de indentación en el bucle for.

```
for i in range(1, 6):
print(i)
```

Encuentra y corrige el error de indentación para que el código funcione correctamente.

Respuesta:

Reto 28: Indexación de lista

Error en la indexación de una lista

El siguiente código intenta imprimir el primer elemento de una lista. Sin embargo, hay un error en la indexación de la lista.

```
numeros = [1, 2, 3, 4, 5]
print("El primer número es:", numeros[0])
```

Encuentra y corrige el error en la indexación de la lista para imprimir correctamente el primer elemento.

Reto 29: Promedio de 3 números

El siguiente programa debería calcular el promedio de tres números y mostrar el resultado, pero contiene un error. Encuentra y corrige el error para que el programa funcione correctamente.

```
num1 = 10
num2 = 15
num3 = 20
promedio = (num1 + num2 + num3) / 3
print("El promedio es:" promedio)
```

Respuesta:

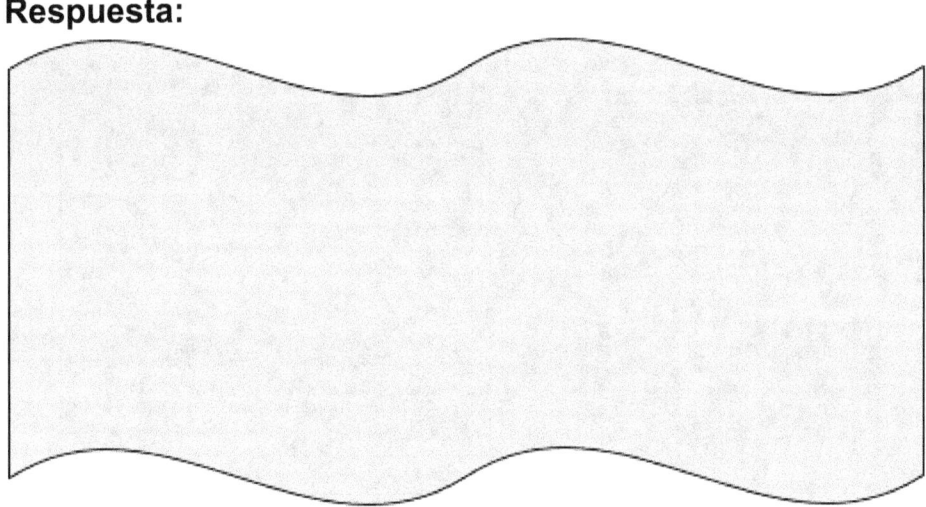

Reto 30: Área de un círculo

El siguiente programa debería calcular el área de un círculo dado su radio y mostrar el resultado, pero contiene un error. Encuentra y corrige el error para que el programa funcione correctamente.

```
radio = 6
pi = 3.14159
area = pi * radio ** 2
print("El área del círculo es" area)
```

Respuesta:

Reto 31: Número igual a 10

El siguiente código intenta verificar si un número es igual a 10. Encuentra y corrige el error.

```
numero = 12
if numero == 10:
 print("El número es igual a 10.")
```

Respuesta:

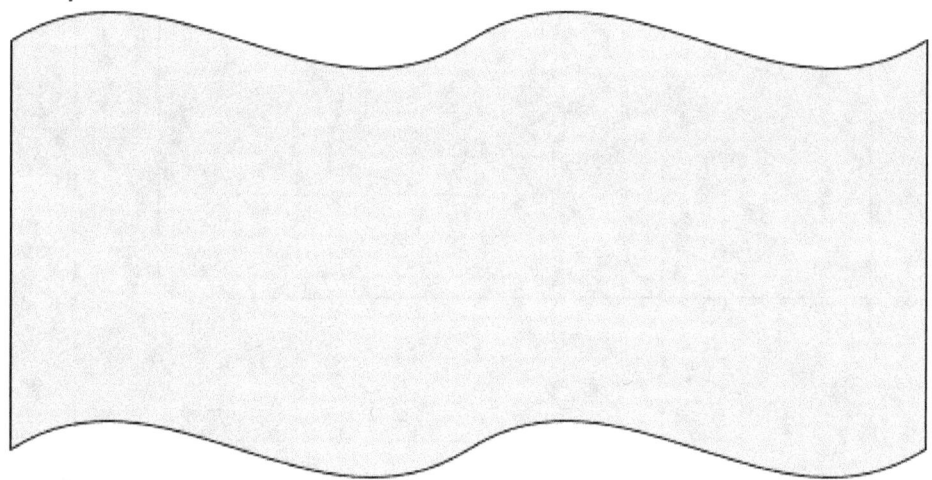

Reto 32: Imprimir números

El siguiente código intenta imprimir los números del 1 al 5. Encuentra y corrige el error.

```
for i in range(1, 6)
    print(i)
```

Respuesta:

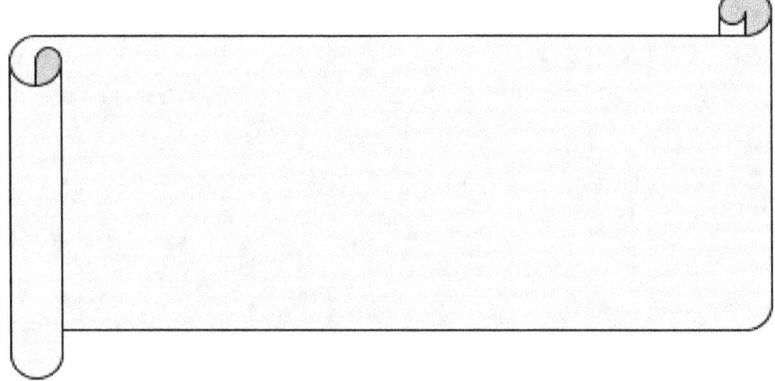

Reto 33: Sintáxis

Error de sintaxis en una declaración de función
El siguiente código intenta definir una función para sumar dos números. Sin embargo, hay un error de sintaxis en la declaración de la función.

```
def suma_numeros(a, b
  return a + b
```

Encuentra y corrige el error de sintaxis en la declaración de la función.

Respuesta:

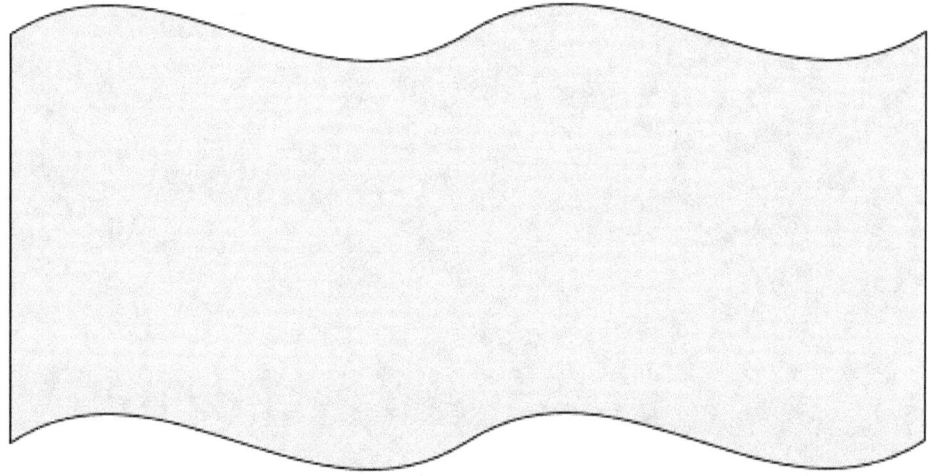

Reto 34: Operadores lógicos

Uso incorrecto de operadores lógicos

En este ejercicio, se intenta verificar si un número es par y mayor que 10. Sin embargo, hay un error en la expresión booleana.

```
numero = 12
if numero % 2 = 0 and numero > 10:
 print("El número es par y mayor que 10.")
```

Encuentra y corrige el error en la expresión booleana para que sea evaluada correctamente.

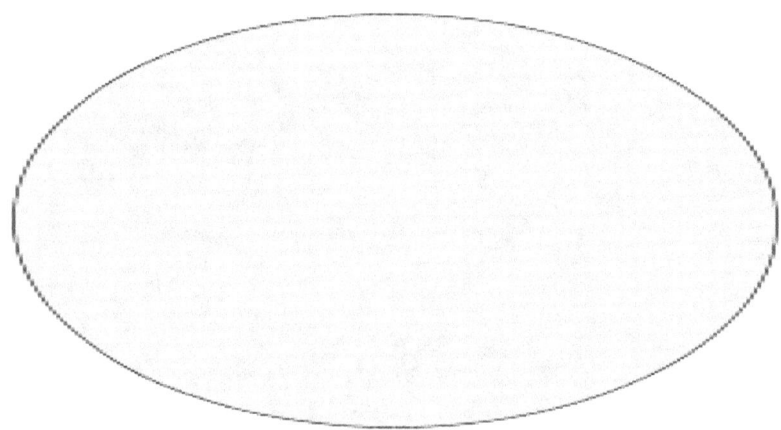

Reto 35: Convertir cadena

Error de tipo al intentar convertir una cadena a entero

El siguiente código intenta convertir una cadena a entero para realizar una operación aritmética. Sin embargo, hay un error de tipo en la conversión.

```
numero = input("Ingrese un número: ")
resultado = numero + 10
print("El resultado es:", resultado)
```

Encuentra y corrige el error de tipo para que la conversión de la cadena a entero se realice correctamente.

Respuesta:

Reto 36: Indexación de cadena

Error en la indexación de una cadena

El siguiente código intenta imprimir el primer carácter de una cadena. Sin embargo, hay un error en la indexación de la cadena.

```
mensaje = "Hola mundo"
print("El primer carácter es:", mensaje[1])
```

Encuentra y corrige el error en la indexación de la cadena para imprimir correctamente el primer carácter.

Respuesta:

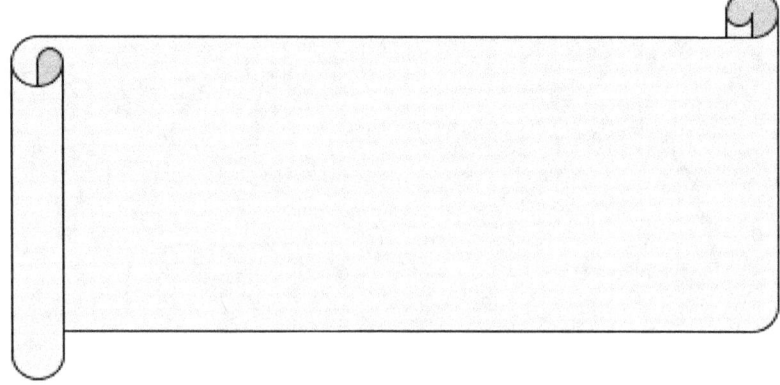

Reto 37: Número par o impar

El siguiente programa debería determinar si un número dado es par o impar e imprimir el resultado, pero contiene un error. Encuentra y corrige el error para que el programa funcione correctamente.

```
numero = 7
if numero % 2 == 0
    print(numero, "es un número par")
else
    print(numero, "es un número impar")
```

Respuesta:

Reto 38: Número positivo, negativo, cero

El siguiente programa debería determinar si un número dado es positivo, negativo o cero e imprimir el resultado, pero contiene un error. Encuentra y corrige el error para que el programa funcione correctamente.

```
numero = -3
if numero > 0
    print(numero, "es un número positivo")
elif numero < 0
    print(numero, "es un número negativo")
else
    print(numero, "es cero")
```

Respuesta:

Reto 39: Suma de 2 números

El siguiente código intenta imprimir la suma de dos números ingresados por el usuario. Encuentra y corrige el error.

Código con error:
```
num1 = input("Ingrese el primer número: ")
num2 = input("Ingrese el segundo número: ")

suma = num1 + num2
print("La suma es:", suma)
```

Respuesta:

Reto 40: Imprimir el cuadrado

El siguiente código pretende imprimir el cuadrado de un número ingresado por el usuario. Encuentra y corrige el error.

Código con error:

```
numero = input("Ingrese un número: ")

cuadrado = numero ** 2
print("El cuadrado es:", cuadrado)
```

Respuesta:

Reto 41: Contar vocales

El siguiente programa debería contar cuántas vocales hay en una cadena dada, pero contiene un error. Encuentra y corrige el error para que el programa funcione correctamente.

```
cadena = "Python es un lenguaje de programación"
contador = 0
for letra in cadena:
    if letra in "aeiou":
        contador += 1
print("La cantidad de vocales en la cadena es:", contador)
```

Respuesta:

Reto 42: Imprimir números

El siguiente programa debería imprimir los números del 1 al 5, pero contiene un error. Encuentra y corrige el error para que el programa funcione correctamente.

```
for i in range(1, 6):
print(i)
```

Respuesta:

Reto 43: Imprimir números 1-10

El siguiente programa debería imprimir los números del 1 al 10, pero contiene un error. Encuentra y corrige el error para que el programa funcione correctamente.

```
for i in range(1, 11)
    print(i)
```

Respuesta:

Reto 44: Imprimir números Par-Impar

El siguiente código intenta imprimir si un número ingresado por el usuario es par o impar. Encuentra y corrige el error.

Código con error:

```
numero = input("Ingrese un número: ")

if numero % 2 == 0:
 print("El número es par.")
else:
 print("El número es impar.")
```

Respuesta:

Reto 45: Área de un triángulo

El siguiente código intenta calcular el área de un triángulo. Encuentra y corrige el error.

Código con error:

```
base = input("Ingrese la longitud de la base del triángulo: ")
altura = input("Ingrese la altura del triángulo: ")

area = (base * altura) / 2
print("El área del triángulo es:", area)
```

Respuesta:

Reto 46: Verificar Número

El siguiente código intenta verificar si un número ingresado por el usuario es positivo o negativo. Encuentra y corrige el error.

Código con error:

```
numero = input("Ingrese un número: ")

if numero >= 0:
 print("El número es positivo.")
else:
 print("El número es negativo.")
```

Respuesta:

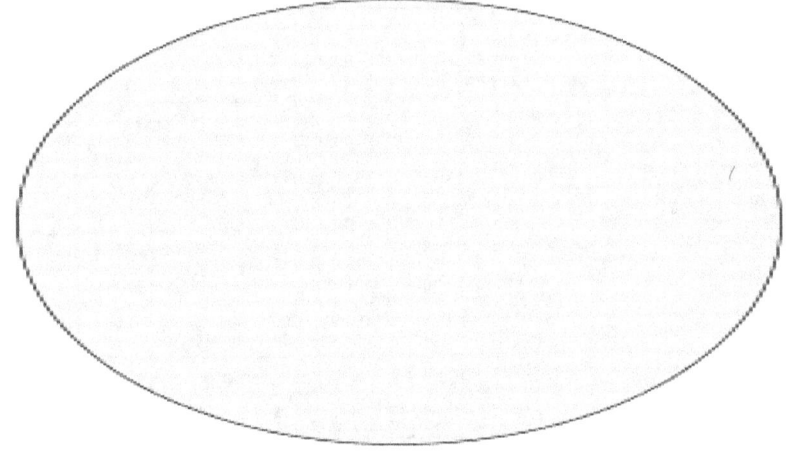

Reto 47: Imprimir Número + o -

El siguiente código intenta imprimir si un número es positivo o negativo. Encuentra y corrige el error.

```
numero = -7
if numero > 0:
 print("El número es positivo.")
else:
 print("El número es negativo.")
```

Respuesta:

Reto 48: Redondeo de Número

El siguiente código intenta redondear un número. Encuentra y corrige el error.

```
numero = 3.75

redondeado = round(numero)

print("El número redondeado es:", redondeado)
```

Respuesta:

Reto 49: Lista de Números

El siguiente código intenta crear una lista de números. Encuentra y corrige el error.

```
numeros = [1 2 3 4 5]
print("La lista de números es:", numeros)
```

Respuesta:

Reto 50: Contar Números

El siguiente código pretende contar cuántos números existen en la lista. Encuentra y corrige el error.

```
numeros = [1, 2, 3, 4, 5]
cantidad = len(numeros)
print("La cantidad de números es:", cantidad)
```

Respuesta:

Reto 51: Lista de Nombres

El siguiente código intenta crear una lista de nombres.

Encuentra y corrige el error.

```
nombres = [Juan, María, Pedro]
print("La lista de nombres es:", nombres)
```

Respuesta:

Reto 52: Lista de colores

El siguiente código intenta crear una lista de colores. Encuentra y corrige el error.

```
colores = [rojo, verde, azul]
print("La lista de colores es:", colores)
```

Respuesta:

Reto 53: Contar Letras

El siguiente código pretende contar cuántas letras tiene una palabra ingresada por el usuario. Encuentra y corrige el error.

Código con error:
```
palabra = input("Ingrese una palabra: ")

longitud = len(palabra)
print("La palabra tiene", longitud, "letras.")
```

Respuesta:

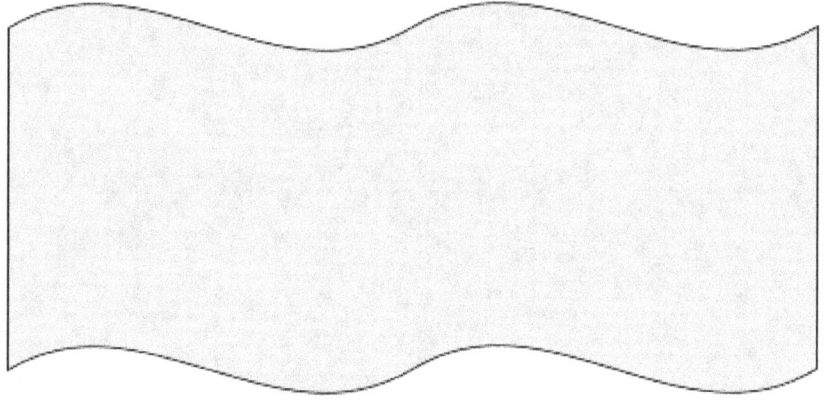

Reto 54: Máximo de 2 Números

El siguiente código intenta encontrar el máximo de dos números. Encuentra y corrige el error.

```
maximo = max(10, 5)
print("El máximo es:", maximo)
```

Respuesta:

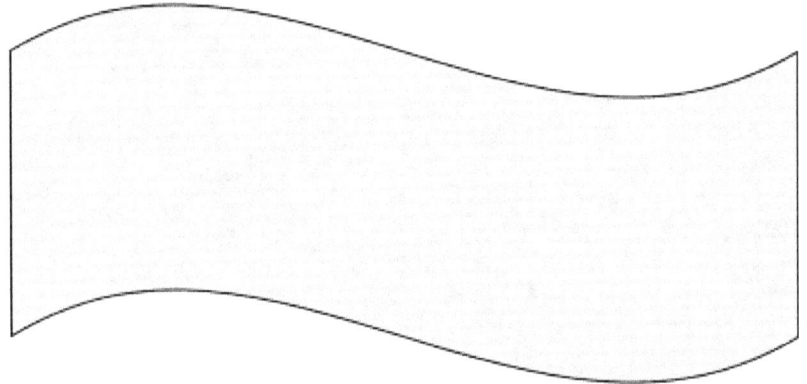

Reto 55: Elevar un número

El siguiente código intenta imprimir el resultado de elevar un número ingresado por el usuario a una potencia ingresada por el usuario. Encuentra y corrige el error.

Código con error:

```
numero = input("Ingrese un número: ")
potencia = input("Ingrese una potencia: ")

resultado = numero ** potencia
print("El resultado es:", resultado)
```

Respuesta:

Reto 56: Determinar un número

El siguiente código intenta determinar si un número ingresado por el usuario es un número primo. Encuentra y corrige el error.

Código con error:

```
numero = int(input("Ingrese un número: "))

if numero > 1:
    for i in range(2, numero):
        if (numero % i) == 0:
            print(numero, "no es un número primo.")
            break
    else:
        print(numero, "es un número primo.")
else:
    print(numero, "no es un número primo.")
```

Respuesta:

Reto 57: primeros 5 números

El siguiente programa debería imprimir los primeros 5 números pares, pero contiene un error. Encuentra y corrige el error para que el programa funcione correctamente.

```
contador = 0
numero = 0
while contador < 5
    if numero % 2 == 0:
        print(numero)
        contador += 1
    numero += 1
```

Respuesta:

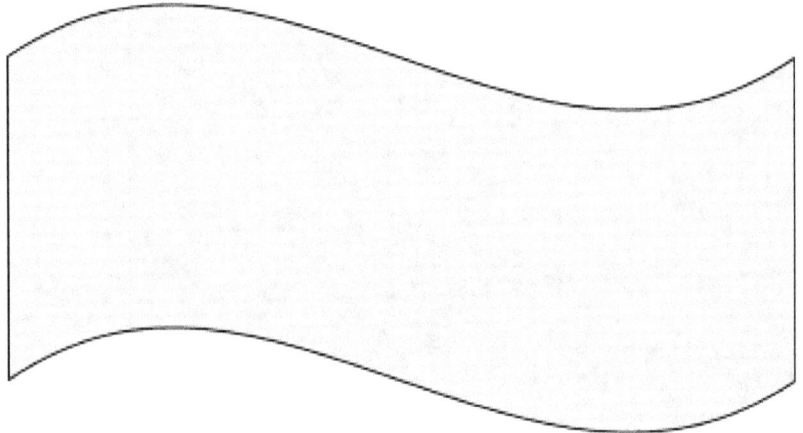

Reto 58: Suma de números

El siguiente programa debería calcular la suma de los números del 1 al 5 e imprimir el resultado, pero contiene un error. Encuentra y corrige el error para que el programa funcione correctamente.

```
suma = 0
for i in range(1, 6)
    suma += i
print("La suma es:", suma)
```

Respuesta:

Reto 59: Imprimir Números

El siguiente programa debería imprimir los números del 1 al 10 en orden descendente, pero contiene un error.
Encuentra y corrige el error para que el programa funcione correctamente.

```
for i in range(10, 0)
    print(i)
```

Respuesta:

Reto 60: Imprimir Números

El siguiente programa debería imprimir los números del 1 al 10, pero solo aquellos que son impares. Sin embargo, contiene un error. Encuentra y corrige el error para que el programa funcione correctamente.

```
for i in range(1, 11)
    if i % 2 != 0:
        print(i)
```

Respuesta:

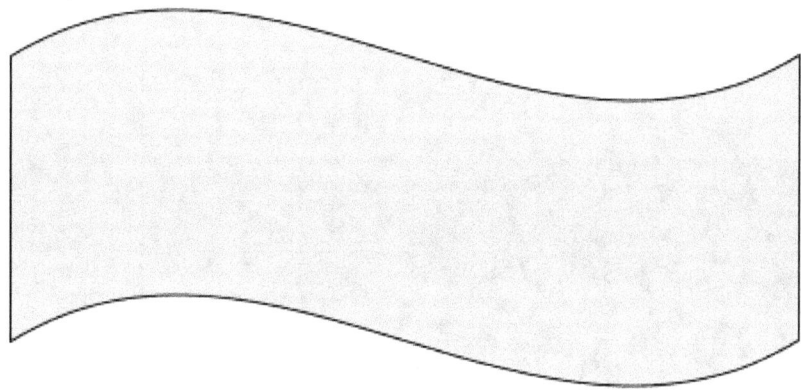

Reto 61: Imprimir Números

El siguiente programa debería imprimir si el número 10 es positivo o negativo. Sin embargo, contiene un error. Encuentra y corrige el error para que el programa funcione correctamente.

```
numero = 10
if numero > 0
    print("El número es positivo.")
else
    print("El número es negativo.")
```

Respuesta:

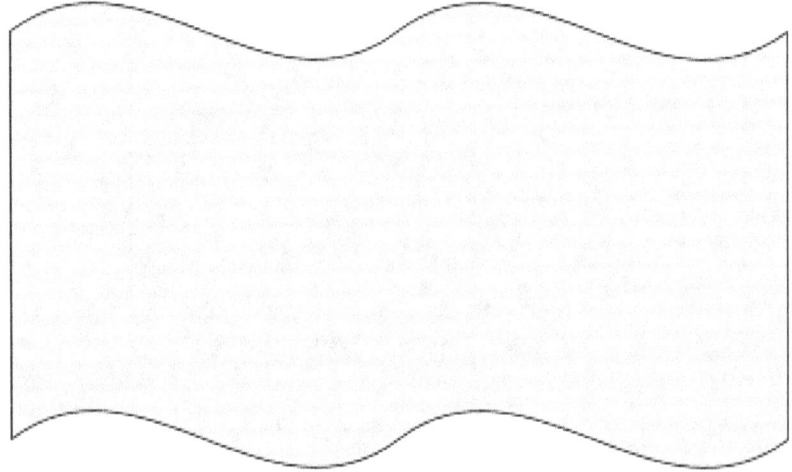

Reto 62: Ingresar Número

Escribe un programa que solicite al usuario ingresar un número entero positivo y luego imprima la suma de todos los números pares desde 1 hasta el número ingresado, incluyéndolo.

Código con el error:

```
numero = int(input("Ingrese un número entero positivo: "))
suma = 0
for i in range(numero):
   if i % 2 == 0:
      suma += i
print("La suma de los números pares desde 1 hasta", numero, "es:", suma)
```

Este programa contiene un error. Encuentra y corrige el error para que el programa funcione correctamente.

Respuesta:

Reto 63: Ingresar Número

Escribe un programa que solicite al usuario ingresar un número entero positivo y luego imprima la secuencia de Fibonacci hasta ese número.

Código con el error:
```
numero = int(input("Ingrese un número entero positivo: "))
fibonacci = [0, 1]
while fibonacci[-1] < numero:
    fibonacci.append(fibonacci[-1] + fibonacci[-2])
print("Secuencia de Fibonacci hasta", numero, ":", fibonacci)
```

Este programa contiene un error. Encuentra y corrige el error para que el programa funcione correctamente.

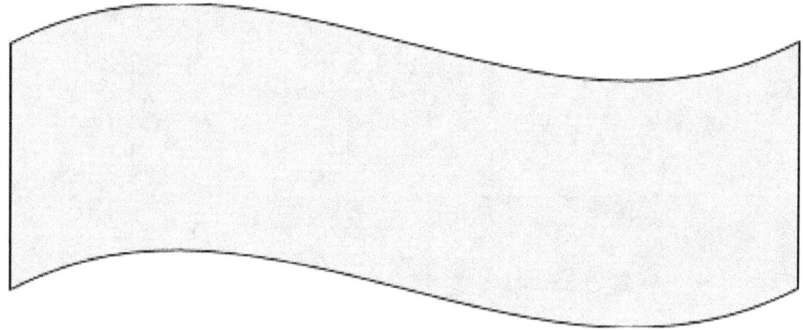

Reto 64: Ingresar Número

Escribe un programa que solicite al usuario ingresar un número entero positivo y luego imprima todos los divisores de ese número.

Código con el error:

```
numero = int(input("Ingrese un número entero positivo: "))
print("Los divisores de", numero, "son:")
for i in range(1, numero):
    if numero % i == 0:
        print(i)
```

Este programa contiene un error. Encuentra y corrige el error para que el programa funcione correctamente.

Respuesta:

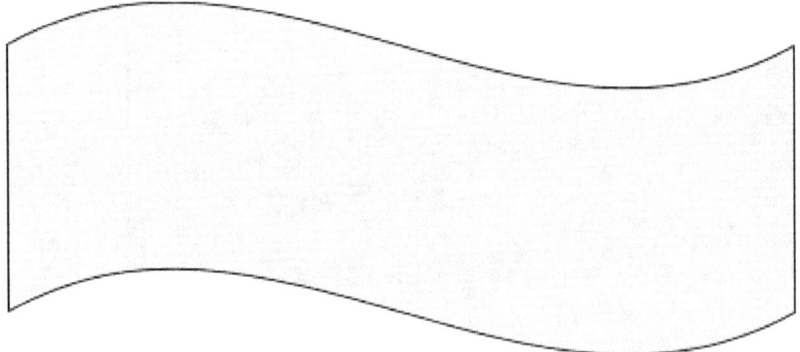

Reto 65: Imprimir n numeros

Escribe un programa que genere e imprima los primeros "n" números primos, donde "n" es un número entero ingresado por el usuario.

Código con el error:
```
n = int(input("Ingrese un número entero positivo: "))
primos = []
numero = 2
while len(primos) < n:
    for i in range(2, numero):
        if numero % i == 0:
            break
    else:
        primos.append(numero)
 numero += 1
print("Los primeros", n, "números primos son:", primos)
```

Este programa contiene un error. Encuentra y corrige el error para que el programa funcione correctamente.

Respuesta:

Reto 66: Número perfecto

Escribe un programa que determine si un número ingresado por el usuario es un número perfecto. Un número perfecto es aquel cuya suma de sus divisores propios es igual al propio número. Por ejemplo, 28 es un número perfecto porque la suma de sus divisores propios (1, 2, 4, 7, 14) es igual a 28.

```
numero = int(input("Ingrese un número entero positivo: "))
suma_divisores = 0
for i in range(1, numero):
    if numero % i == 0:
        suma_divisores += i
if suma_divisores == numero:
    print(numero, "es un número perfecto.")
else:
    print(numero, "no es un número perfecto.")
```

Este programa contiene un error. Encuentra y corrige el error para que el programa funcione correctamente.

Respuesta:

Reto 67: Cadena de caracteres

Escribe un programa que solicite al usuario ingresar una cadena de caracteres y luego determine si es un palíndromo o no. Un palíndromo es una palabra, frase o cualquier otra secuencia de caracteres que se lee igual hacia adelante que hacia atrás, ignorando los espacios, puntuaciones y distinción entre mayúsculas y minúsculas.

Código con el error:

```
cadena = input("Ingrese una cadena de caracteres: ")
cadena = cadena.lower()
reverso = cadena[::-1]
if cadena == reverso:
    print("La cadena ingresada es un palíndromo.")
else:
    print("La cadena ingresada no es un palíndromo.")
```

Este programa contiene un error. Encuentra y corrige el error para que el programa funcione correctamente.

Respuesta:

Reto 68: Ingresar Lista

Escribe un programa que solicite al usuario ingresar una lista de números separados por comas y luego determine si esta lista es simétrica o no. Una lista es simétrica si los elementos en ella son los mismos tanto de izquierda a derecha como de derecha a izquierda.

Código con el error:
```
lista = input("Ingrese una lista de números separados por comas: ")
numeros = lista.split(',')
if numeros == numeros[::-1]:
    print("La lista ingresada es simétrica.")
else:
    print("La lista ingresada no es simétrica.")
```

Este programa contiene un error. Encuentra y corrige el error para que el programa funcione correctamente.

Respuesta:

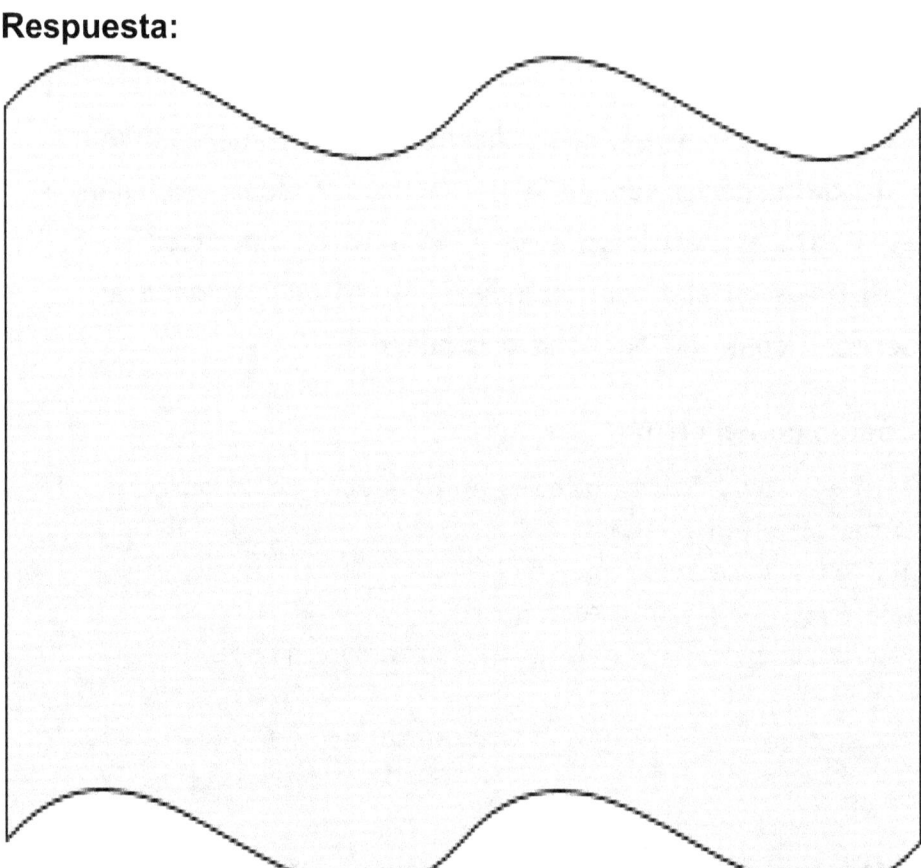

Reto 69: Ingresar Número

Escribe un programa que solicite al usuario ingresar un número entero positivo y luego determine si es un número primo o no.

```
numero = int(input("Ingrese un número entero positivo: "))
if numero > 1:
    for i in range(2, numero):
        if numero % i == 0:
            print(numero, "no es un número primo.")
            break
    else:
        print(numero, "es un número primo.")
else:
    print(numero, "no es un número primo.")
```

Este programa contiene un error. Encuentra y corrige el error para que el programa funcione correctamente.

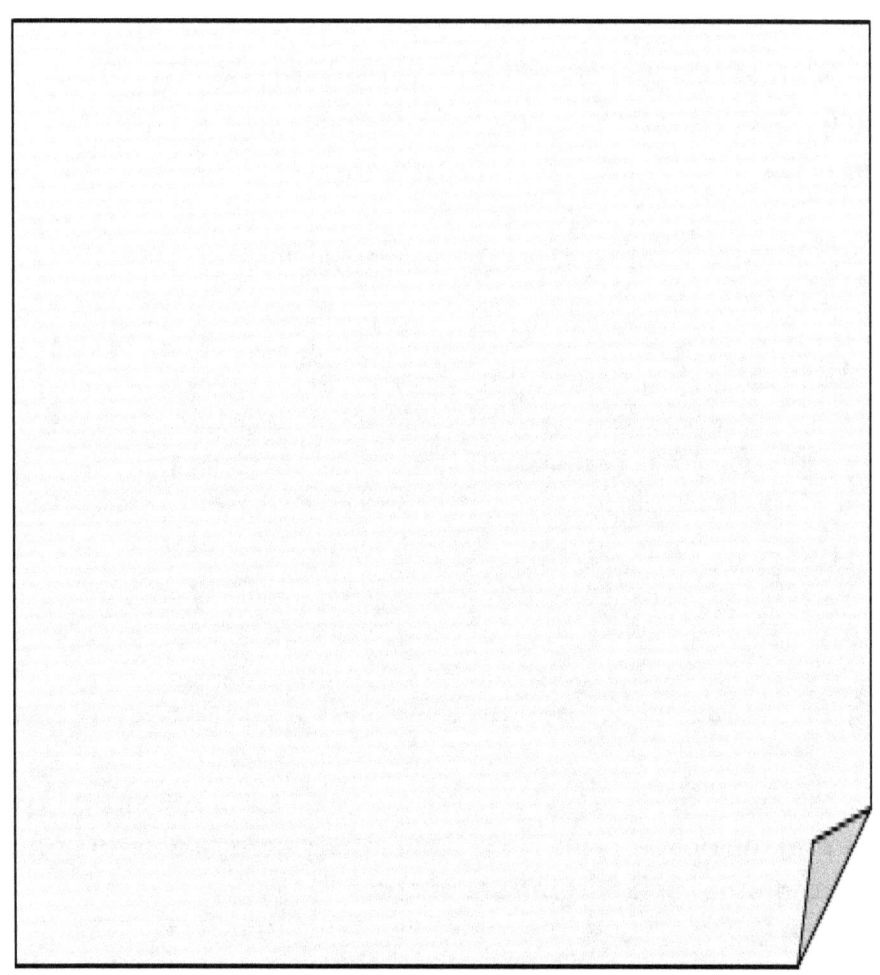

Reto 70: Ingresar Cadena

Escribe un programa que solicite al usuario ingresar una cadena de palabras separadas por espacios y luego determine si es un pangrama o no. Un pangrama es una frase que contiene todas las letras del alfabeto al menos una vez.

Código con el error:
```
frase = input("Ingrese una cadena de palabras: ")
letras = set(frase.lower())
if len(letras) == 26:
    print("La frase ingresada es un pangrama.")
else:
    print("La frase ingresada no es un pangrama.")
```

Este programa contiene un error. Encuentra y corrige el error para que el programa funcione correctamente.

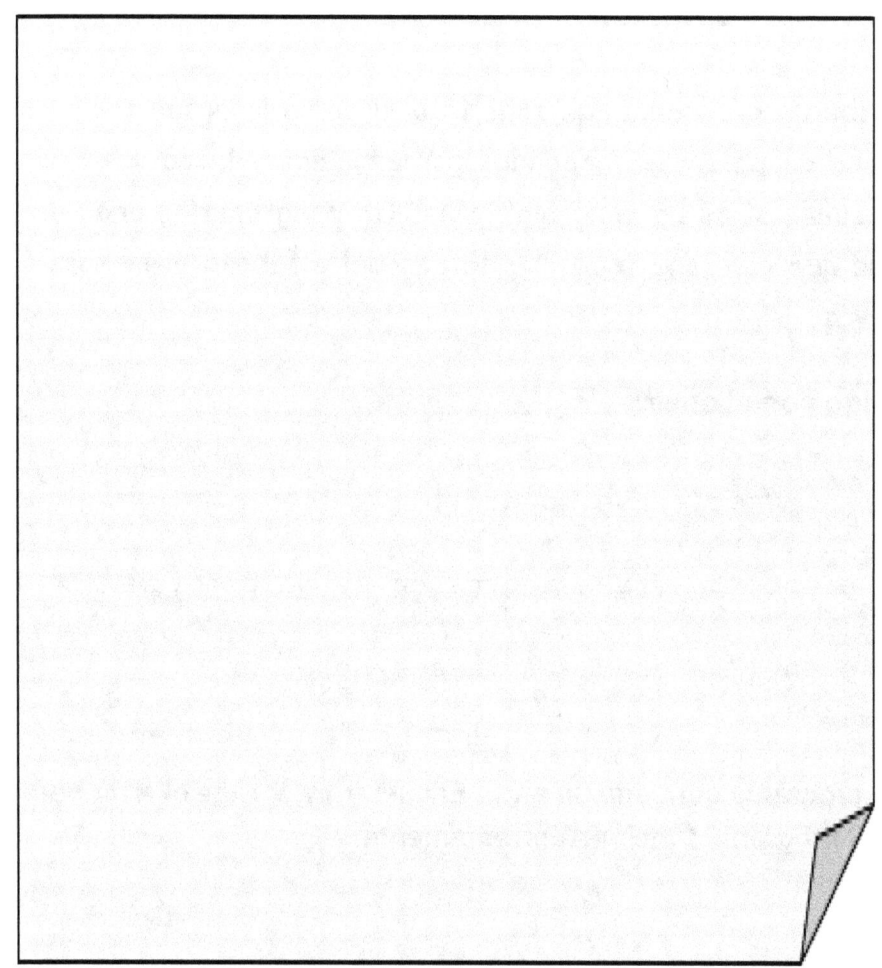

Reto 71: Palíndromo

Escribe un programa que solicite al usuario ingresar una cadena de caracteres y luego determine si es un palíndromo o no, ignorando los espacios y considerando las letras en mayúsculas y minúsculas de manera equivalente.

Código con el error:
```
cadena = input("Ingrese una cadena de caracteres: ")
cadena = cadena.lower()
cadena = cadena.replace(" ", "")
reverso = cadena[::-1]
if cadena == reverso:
    print("La cadena ingresada es un palíndromo.")
else:
    print("La cadena ingresada no es un palíndromo.")
```

Este programa contiene un error. Encuentra y corrige el error para que el programa funcione correctamente.

Respuesta:

Reto 72: Pangrama

Escribe un programa que determine si una cadena de texto es un pangrama. Un pangrama es una frase que contiene todas las letras del alfabeto al menos una vez.

Código con el error:
```
def es_pangrama(frase):
 alfabeto = set('abcdefghijklmnopqrstuvwxyz')
 return set(frase.lower()) >= alfabeto

frase = input("Ingrese una frase: ")
if es_pangrama(frase):
    print("La frase es un pangrama.")
else:
    print("La frase no es un pangrama.")
```

Este programa contiene un error. Encuentra y corrige el error para que el programa funcione correctamente.

Respuesta:

Reto 73: Número más grande

Escribe un programa que encuentre el número más grande en una lista de números ingresada por el usuario.

Código con el error:
```
numeros = input("Ingrese una lista de números separados por espacios: ").split()
maximo = max(numeros)
print("El número más grande es:", maximo)
```

Este programa contiene un error. Encuentra y corrige el error para que el programa funcione correctamente.

Reto 74: Suma de dígitos

Escribe un programa que encuentre la suma de los dígitos de un número entero ingresado por el usuario.

Código con el error:

```
numero = input("Ingrese un número entero: ")
suma_digitos = sum(int(digito) for digito in numero)
print("La suma de los dígitos es:", suma_digitos)
```

Este programa contiene un error. Encuentra y corrige el error para que el programa funcione correctamente.

Reto 75: Número de Amstrong

Escribe un programa que solicite al usuario ingresar un número y luego determine si es un número de Armstrong o no. Un número de Armstrong (también conocido como número narcisista) es un número que es igual a la suma de sus propios dígitos cada uno elevado a la potencia del número total de dígitos.

Código con el error:

```
numero = input("Ingrese un número: ")
longitud = len(numero)
suma = sum(int(digito) ** longitud for digito in numero)
if suma == int(numero):
    print(numero, "es un número de Armstrong.")
else:
    print(numero, "no es un número de Armstrong.")
```

Este programa contiene un error. Encuentra y corrige el error para que el programa funcione correctamente.

Respuesta:

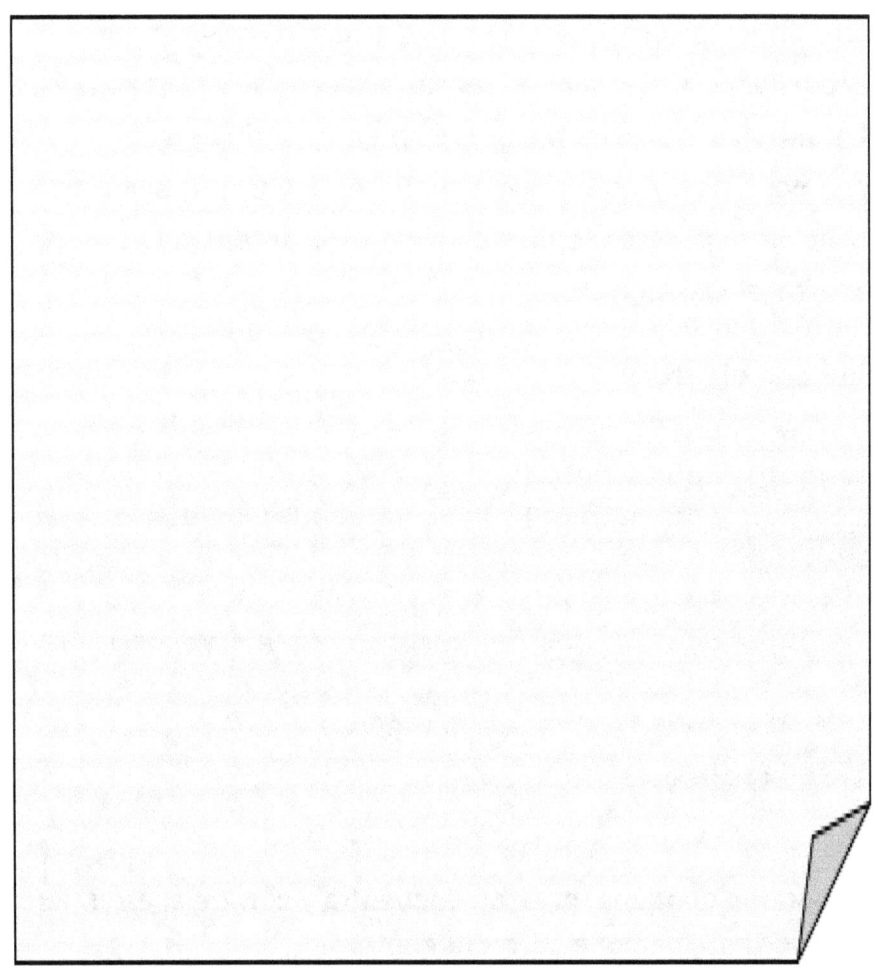

Reto 76: Lista de Palabras

Escribe un programa que solicite al usuario ingresar una lista de palabras separadas por espacios y luego imprima las palabras que tengan al menos 5 caracteres y que comiencen con la letra 'a' o 'A'.

Código con el error:

```
palabras = input("Ingrese una lista de palabras separadas por espacios: ").split()
resultado = [palabra for palabra in palabras if len(palabra) >= 5 and (palabra[0] == 'a' or palabra[0] == 'A')]
print("Palabras con al menos 5 caracteres y que comienzan con 'a' o 'A':", resultado)
```

Este programa contiene un error. Encuentra y corrige el error para que el programa funcione correctamente.

Respuesta

Reto 77: Lista de números

Escribe un programa que solicite al usuario ingresar una lista de números enteros separados por comas y luego determine cuántos de estos números son números primos.

Código con el error:

```
def es_primo(numero):
 if numero < 2:
 return False
 for i in range(2, numero):
 if numero % i == 0:
 return False
 return True

numeros = input("Ingrese una lista de números enteros separados por comas: ").split(',')
primos = [numero for numero in numeros if es_primo(numero)]
print("Cantidad de números primos:", len(primos))
```

Este programa contiene un error. Encuentra y corrige el error para que el programa funcione correctamente.

Respuesta

Reto 78: Cadena de Texto

Escribe un programa que solicite al usuario ingresar una cadena de texto y determine cuántas veces aparece cada palabra en la cadena.

Código con el error:

```
texto = input("Ingrese una cadena de texto: ")
palabras = texto.split()
frecuencia = {palabra: palabras.count(palabra)
for palabra in palabras}
for palabra, count in frecuencia.items():
 print(f"{palabra}: {count}")
```

Este programa contiene un error. Encuentra y corrige el error para que el programa funcione correctamente.

ERRORES EN MANEJO DE LISTAS.

Reto 79: Ingresar Lista

Escribe un programa que solicite al usuario ingresar una lista de números enteros separados por espacios y luego encuentre e imprima el segundo número más grande de la lista.

Código con el error:

```
numeros = input("Ingrese una lista de números enteros separados por espacios: ").split()
numeros = list(map(int, numeros))
numeros.sort()
print("El segundo número más grande es:", numeros[-2])
```

Este programa contiene un error. Encuentra y corrige el error para que el programa funcione correctamente.

Reto 80: Ingresar cadena

Escribe un programa que solicite al usuario ingresar una cadena de texto y luego determine si es un palíndromo, ignorando los espacios y considerando las letras en mayúsculas y minúsculas de manera equivalente.

Código con el error:

```
def es_palindromo(cadena):
 cadena = cadena.lower().replace(" ", "")
 return cadena == cadena[::-1]

cadena = input("Ingrese una cadena de texto: ")
if es_palindromo(cadena):
 print("La cadena es un palíndromo.")
else:
 print("La cadena no es un palíndromo.")
```

Este programa contiene un error. Encuentra y corrige el error para que el programa funcione correctamente.

Respuesta:

Reto 81: Ingresar Lista

Escribe un programa que solicite al usuario ingresar dos listas de números enteros separados por espacios y luego determine si ambas listas tienen la misma longitud y contienen los mismos elementos, aunque no necesariamente en el mismo orden.

Código con el error:

```
lista1 = input("Ingrese la primera lista de números enteros separados por espacios: ").split()
lista2 = input("Ingrese la segunda lista de números enteros separados por espacios: ").split()

if sorted(lista1) == sorted(lista2):
 print("Las listas son iguales.")
else:
 print("Las listas son diferentes.")
```

Este programa contiene un error. Encuentra y corrige el error para que el programa funcione correctamente.

Respuesta

Reto 82: Ingresar Lista

Escribe un programa que solicite al usuario ingresar una lista de palabras separadas por comas y luego imprima la palabra más larga de la lista.

Código con el error:

```
palabras = input("Ingrese una lista de palabras separadas por comas: ").split(',')
palabra_mas_larga = max(palabras, key=len)
print("La palabra más larga es:", palabra_mas_larga)
```

Este programa contiene un error. Encuentra y corrige el error para que el programa funcione correctamente.

Reto 83: Ingresar números

Escribe un programa que solicite al usuario ingresar una lista de números enteros separados por comas y luego determine si la lista es un palíndromo, es decir, si es la misma al leerla hacia adelante y hacia atrás.

Código con el error:

```
numeros = input("Ingrese una lista de números enteros separados por comas: ").split(',')
if numeros == numeros[::-1]:
 print("La lista es un palíndromo.")
else:
 print("La lista no es un palíndromo.")
```

Este programa contiene un error. Encuentra y corrige el error para que el programa funcione correctamente.

Reto 84: Ingresar Lista

Escribe un programa que solicite al usuario ingresar una lista de números enteros separados por espacios y luego determine si la lista está ordenada de manera ascendente, descendente o si no está ordenada en absoluto.

Código con el error:

```
numeros = input("Ingrese una lista de números enteros separados por espacios: ").split()
numeros = [int(numero) for numero in numeros]

if numeros == sorted(numeros):
 print("La lista está ordenada de manera ascendente.")
elif numeros == sorted(numeros, reverse=True):
 print("La lista está ordenada de manera descendente.")
else:
 print("La lista no está ordenada.")
```

Este programa contiene un error. Encuentra y corrige el error para que el programa funcione correctamente.

Respuesta:

Reto 85: Ingresar cadena

Escribe un programa que solicite al usuario ingresar una cadena de texto y luego determine si es un pangrama o no. Un pangrama es una frase que contiene todas las letras del alfabeto al menos una vez.

Código con el error:

```
import string

def es_pangrama(frase):
 alfabeto = set(string.ascii_lowercase)
 return set(frase.lower()) == alfabeto

frase = input("Ingrese una frase: ")
if es_pangrama(frase):
 print("La frase es un pangrama.")
else:
 print("La frase no es un pangrama.")
```

Este programa contiene un error. Encuentra y corrige el error para que el programa funcione correctamente.

Reto 86: Ingresar lista

Escribe un programa que solicite al usuario ingresar una lista de palabras separadas por comas y luego determine cuántas palabras tienen al menos una vocal.

Código con el error:

```
def tiene_vocal(palabra):
 vocales = {'a', 'e', 'i', 'o', 'u'}
 return any(vocal in palabra.lower() for vocal in vocales)

palabras = input("Ingrese una lista de palabras separadas por comas: ").split(',')
contador = sum(tiene_vocal(palabra) for palabra in palabras)
print("Cantidad de palabras con al menos una vocal:", contador)
```

Este programa contiene un error. Encuentra y corrige el error para que el programa funcione correctamente.

Respuesta:

Reto 87: Ingresar números

Escribe un programa que solicite al usuario ingresar una lista de números enteros separados por comas y luego determine si todos los números en la lista son primos.

Código con el error:

```
def es_primo(numero):
 if numero < 2:
 return False
 for i in range(2, numero):
 if numero % i == 0:
 return False
 return True

numeros = input("Ingrese una lista de números enteros separados por comas: ").split(',')
son_primos = all(es_primo(int(numero)) for numero in numeros)
if son_primos:
 print("Todos los números son primos.")
else:
 print("No todos los números son primos.")
```

Este programa contiene un error. Encuentra y corrige el error para que el programa funcione correctamente.

Respuesta:

Reto 88: Ingresar cadena

Escribe un programa que solicite al usuario ingresar una cadena de texto y luego determine si es un anagrama de la frase "oso".

Código con el error:
```
def es_anagrama(frase):
 return sorted(frase.lower()) == sorted("oso")

frase = input("Ingrese una cadena de texto: ")
if es_anagrama(frase):
 print("La frase es un anagrama de 'oso'.")
else:
 print("La frase no es un anagrama de 'oso'.")
```

Este programa contiene un error. Encuentra y corrige el error para que el programa funcione correctamente.

Reto 89: Ingresar Lista

Escribe un programa que solicite al usuario ingresar una lista de palabras separadas por espacios y luego determine cuántas de esas palabras son palíndromos.

Código con el error:

```
def es_palindromo(palabra):
    return palabra == palabra[::-1]

palabras = input("Ingrese una lista de palabras separadas por espacios: ").split()
contador_palindromos = sum(es_palindromo(palabra) for palabra in palabras)
print("Cantidad de palíndromos:", contador_palindromos)
```

Este programa contiene un error. Encuentra y corrige el error para que el programa funcione correctamente.

Reto 90: Ingresar Cadenas

Escribe un programa que solicite al usuario ingresar dos cadenas de texto y determine si son anagramas entre sí.

Código con el error:
```
def son_anagramas(cadena1, cadena2):
 return sorted(cadena1.lower()) == sorted(cadena2.lower())

cadena1 = input("Ingrese la primera cadena de texto: ")
cadena2 = input("Ingrese la segunda cadena de texto: ")

if son_anagramas(cadena1, cadena2):
 print("Las cadenas son anagramas entre sí.")
else:
 print("Las cadenas no son anagramas entre sí.")
```

Este programa contiene un error. Encuentra y corrige el error para que el programa funcione correctamente.

Respuesta

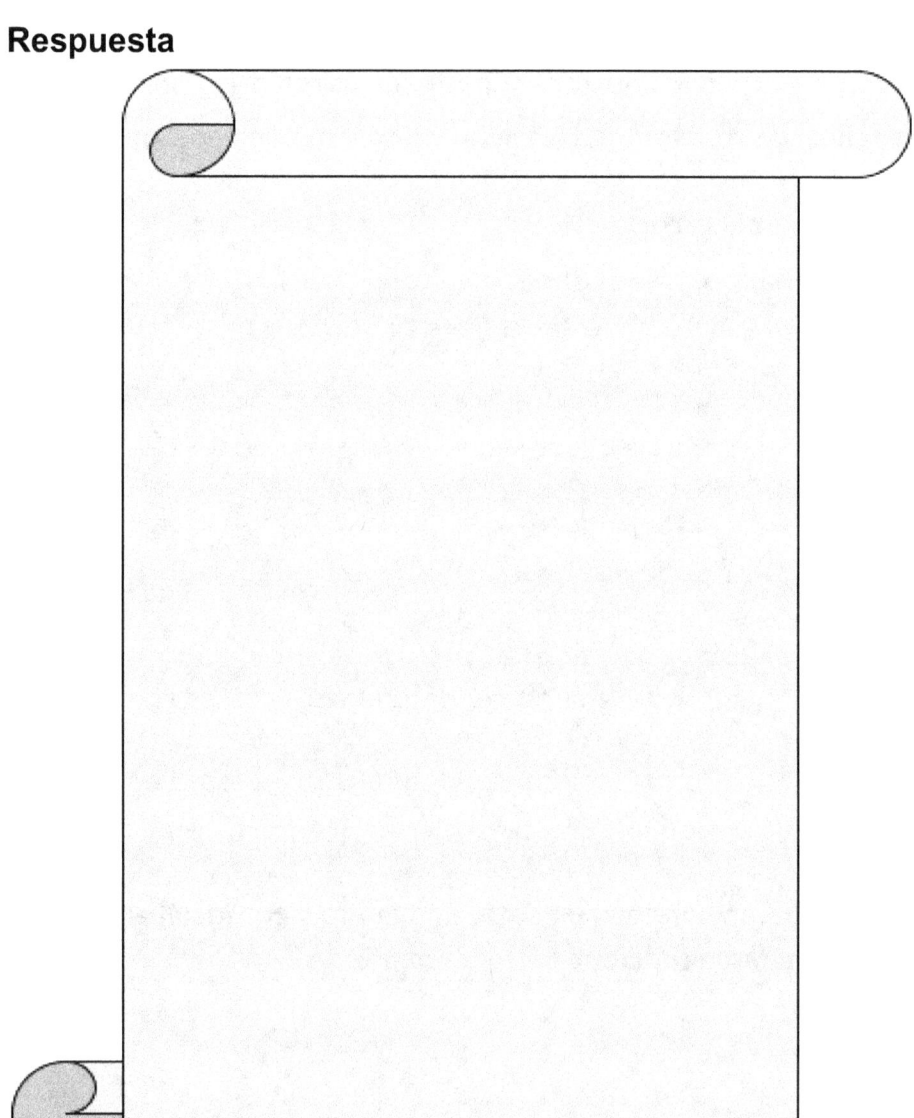

Reto 91: Ingresar Lista

Escribe un programa que solicite al usuario ingresar una lista de palabras separadas por comas y determine si todas las palabras tienen la misma longitud.

Código con el error:
```
def misma_longitud(lista_palabras):
 longitud = len(lista_palabras[0])
 return all(len(palabra) == longitud for palabra in lista_palabras)

palabras = input("Ingrese una lista de palabras separadas por comas: ").split(',')
if misma_longitud(palabras):
 print("Todas las palabras tienen la misma longitud.")
else:
 print("No todas las palabras tienen la misma longitud.")
```

Este programa contiene un error. Encuentra y corrige el error para que el programa funcione correctamente.

Respuesta

Reto 92: Ingresar Cadenas

Escribe un programa que solicite al usuario ingresar dos cadenas de texto y determine si una es un anagrama de la otra, ignorando los espacios y distinguiendo entre mayúsculas y minúsculas.

Código con el error:

```
def es_anagrama(cadena1, cadena2):
 cadena1 = cadena1.replace(" ", "")
 cadena2 = cadena2.replace(" ", "")
 return sorted(cadena1.lower()) ==
sorted(cadena2.lower())

cadena1 = input("Ingrese la primera cadena de texto: ")
cadena2 = input("Ingrese la segunda cadena de texto: ")

if es_anagrama(cadena1, cadena2):
 print("Las cadenas son anagramas entre sí.")
else:
 print("Las cadenas no son anagramas entre sí.")
```

Este programa contiene un error. Encuentra y corrige el error para que el programa funcione correctamente.

Respuesta

Reto 93: Ingresar Lista

Escribe un programa que solicite al usuario ingresar una lista de palabras separadas por espacios y determine cuántas de esas palabras comienzan y terminan con la misma letra.

Código con el error:
```
def misma_letra(palabra):
  return palabra[0].lower() == palabra[-1].lower()

palabras = input("Ingrese una lista de palabras separadas por espacios: ").split()
contador = sum(misma_letra(palabra) for palabra in palabras)
print("Cantidad de palabras que comienzan y terminan con la misma letra:", contador)
```

Este programa contiene un error. Encuentra y corrige el error para que el programa funcione correctamente.

Respuesta

Reto 94: Ingresar Lista

Escribe un programa que solicite al usuario ingresar una lista de palabras separadas por espacios y encuentre la palabra más larga y la palabra más corta en la lista.

Código con el error:

```
palabras = input("Ingrese una lista de palabras separadas por espacios: ").split()
palabra_mas_larga = max(palabras, key=len)
palabra_mas_corta = min(palabras, key=len)
print("Palabra más larga:", palabra_mas_larga)
print("Palabra más corta:", palabra_mas_corta)
```

Este programa contiene un error. Encuentra y corrige el error para que el programa funcione correctamente.

Reto 95: Ingresar Lista

Escribe un programa que solicite al usuario ingresar una lista de números separados por espacios y determine cuántos números son pares y cuántos son impares en la lista.

Código con el error:

```
numeros = input("Ingrese una lista de números separados por espacios: ").split()
pares = sum(int(numero) % 2 == 0 for numero in numeros)
impares = len(numeros) - pares
print("Cantidad de números pares:", pares)
print("Cantidad de números impares:", impares)
```

Este programa contiene un error. Encuentra y corrige el error para que el programa funcione correctamente.

Reto 96: Ingresar Lista

Escribe un programa que solicite al usuario ingresar una lista de palabras separadas por comas y determine cuántas de esas palabras contienen al menos una letra "a".

Código con el error:

```
palabras = input("Ingrese una lista de palabras separadas por comas: ").split(',')
contador = sum('a' in palabra.lower() for palabra in palabras)
print("Cantidad de palabras que contienen al menos una letra 'a':", contador)
```

Este programa contiene un error. Encuentra y corrige el error para que el programa funcione correctamente.

Reto 97: Ingresar números

Escribe un programa que solicite al usuario ingresar una lista de números enteros separados por comas y determine cuántos números son divisibles por 3 pero no por 5.

Código con el error:

```
numeros = input("Ingrese una lista de números enteros separados por comas: ").split(',')
contador = sum(int(numero) % 3 == 0 and int(numero) % 5 != 0 for numero in numeros)
print("Cantidad de números divisibles por 3 pero no por 5:", contador)
```

Este programa contiene un error. Encuentra y corrige el error para que el programa funcione correctamente.

Reto 98: Ingresar Lista

Escribe un programa que solicite al usuario ingresar una lista de palabras separadas por espacios y determine cuántas de esas palabras son palíndromos.

Código con el error:
```
def es_palindromo(palabra):
  return palabra == palabra[::-1]

palabras = input("Ingrese una lista de palabras separadas por espacios: ").split()
contador_palindromos = sum(es_palindromo(palabra) for palabra in palabras)
print("Cantidad de palíndromos:", contador_palindromos)
```

Este programa contiene un error. Encuentra y corrige el error para que el programa funcione correctamente.

Reto 99: Ingresar Lista

Escribe un programa que solicite al usuario ingresar una lista de números enteros separados por espacios y determine cuántos de esos números son primos.

Código con el error:

```
def es_primo(numero):
 if numero < 2:
 return False
 for i in range(2, numero):
 if numero % i == 0:
 return False
 return True

numeros = input("Ingrese una lista de números enteros separados por espacios: ").split()
contador_primos = sum(es_primo(int(numero)) for numero in numeros)
print("Cantidad de números primos:", contador_primos)
```

Este programa contiene un error. Encuentra y corrige el error para que el programa funcione correctamente.

Reto 100: Número Impar o Par

Escribe un programa que determine si un número ingresado por el usuario es par o impar. Si el número es par, imprime "El número es par"; de lo contrario, imprime "El número es impar".

Código con el error de indentación:

```
numero = int(input("Ingrese un número: "))
if numero % 2 == 0:
print("El número es par")
else:
print("El número es impar")
```

Este código contiene un error de indentación en las líneas donde se imprime el resultado. Encuentra y corrige el error de indentación para que el programa funcione correctamente.

Reto 101: Número Máximo

Escribe un programa que solicite al usuario ingresar tres números enteros y luego determine e imprima el máximo de los tres números.

Código con el error de indentación:

```
num1 = int(input("Ingrese el primer número: "))
num2 = int(input("Ingrese el segundo número: "))
num3 = int(input("Ingrese el tercer número: "))

maximo = num1

if num2 > maximo:
maximo = num2
if num3 > maximo:
maximo = num3

print("El máximo de los tres números es:", maximo)
```

Este código contiene un error de indentación en las líneas donde se actualiza la variable `maximo` **dentro del condicional. Encuentra y corrige el error de indentación para que el programa funcione correctamente.**

Reto 102: Múltiplos

Escribe un programa que solicite al usuario ingresar dos números enteros y determine si el primero es múltiplo del segundo.

Código con el error de indentación:

```
num1 = int(input("Ingrese el primer número: "))
num2 = int(input("Ingrese el segundo número: "))

if num1 % num2 == 0:
print(num1, "es múltiplo de", num2)
else:
print(num1, "no es múltiplo de", num2)
```

Este código contiene un error de indentación en las líneas donde se imprime el resultado. Encuentra y corrige el error de indentación para que el programa funcione correctamente.

Reto 103: Área de Círculo

Escribe un programa que calcule el área de un círculo. El usuario debe ingresar el radio del círculo, y el programa debe imprimir el área correspondiente.

Código:

```python
import math

# Solicitar al usuario que ingrese el radio del círculo
radio = float(input("Ingrese el radio del círculo: "))

# Calcular el área del círculo utilizando la fórmula: área = π * radio^2
area = math.pi * radio ** 2

# Imprimir el resultado
print("El área del círculo es:", area)
```

Este programa solicita al usuario el radio de un círculo, calcula el área correspondiente utilizando la fórmula matemática para el área de un círculo (π * radio^2), e imprime el resultado. Se utiliza el módulo `math` **para obtener el valor de π. Este programa contiene un error.**

Reto 104: Suma de Números

Escribe un programa que solicite al usuario ingresar dos números enteros y luego imprima la suma de los números. Sin embargo, hay un error en el código que impide que la suma se calcule correctamente.

Código con error:

```
# Solicitar al usuario que ingrese dos números enteros
num1 = int(input("Ingrese el primer número: "))
num2 = int(input("Ingrese el segundo número: "))

# Calcular la suma de los números
suma = num1 + num2

# Imprimir la suma de los números
print("La suma de los números es:", suma)
```

Este código contiene un error que afecta la suma de los números ingresados por el usuario.

Reto 105: Divisores

Escribe un programa que solicite al usuario ingresar un número entero positivo e imprima todos los divisores de ese número.

Código con el error:
```
# Solicitar al usuario que ingrese un número entero positivo
numero = int(input("Ingrese un número entero positivo: "))

print("Los divisores de", numero, "son:")

# Encontrar y imprimir los divisores del número
for i in range(1, numero + 1):
if numero % i == 0:
print(i)
```

Este código contiene un error de indentación en las líneas dentro del bucle for. Encuentra y corrige el error de indentación para que el programa funcione correctamente.

Reto 106: Número Primo

Escribe un programa que solicite al usuario ingresar un número y determine si es un número primo o no.

Código con error:
```
# Solicitar al usuario que ingrese un número
numero = int(input("Ingrese un número: "))

# Verificar si el número es primo
if numero > 1:
 for i in range(2, numero):
 if (numero % i) == 0:
 print(numero, "no es un número primo")
 break
 else:
 print(numero, "es un número primo")
else:
 print(numero, "no es un número primo")
```

El código proporcionado tiene un error en la lógica para determinar si un número es primo o no. El programa imprimirá "número primo" si el número es igual a 2, lo cual es incorrecto, ya que 2 es un número primo. Además, si el número es menor que 2, el programa imprimirá "número primo", lo cual también es incorrecto.

Respuesta

Reto 107: Primos Menores

Escribe un programa que solicite al usuario ingresar un número entero positivo e imprima todos los números primos menores o iguales que ese número.

Código con error:

```
# Solicitar al usuario que ingrese un número entero positivo
numero = int(input("Ingrese un número entero positivo: "))

print("Números primos menores o iguales que", numero, ":")

# Verificar si cada número hasta el número ingresado es primo
for num in range(2, numero + 1):
 if num > 1:
 for i in range(2, num):
 if (num % i) == 0:
 break
 else:
 print(num)
```

El código proporcionado tiene un error en la lógica para determinar si un número es primo o no.

Respuesta

Reto 108: Cadena Texto

Escribe un programa que solicite al usuario ingresar una cadena de texto y determine si es un palíndromo o no. Un palíndromo es una palabra o frase que se lee igual de izquierda a derecha que de derecha a izquierda, ignorando los espacios, signos de puntuación y la capitalización.

Código con el error:

```
# Solicitar al usuario que ingrese una cadena de texto
texto = input("Ingrese una cadena de texto: ")

# Eliminar los espacios y signos de puntuación y convertir todo a minúsculas
texto = texto.replace(" ", "").lower()
texto = ''.join(e for e in texto if e.isalnum())

# Verificar si el texto es un palíndromo
if texto == texto[::-1]:
 print("La cadena es un palíndromo.")
else:
 print("La cadena no es un palíndromo.")
```

Este código contiene un error al eliminar los signos de puntuación y los caracteres especiales de la cadena de texto.

Respuesta

Reto 109: Números Pares

Escribe un programa que solicite al usuario ingresar una lista de números enteros separados por espacios y determine cuántos de esos números son números pares.

Código con el error:

```
# Solicitar al usuario que ingrese una lista de números enteros separados por espacios
numeros = input("Ingrese una lista de números enteros separados por espacios: ")

# Convertir la cadena de entrada en una lista de números enteros
numeros = [int(num) for num in numeros.split()]

# Contar el número de números pares en la lista
pares = 0
for num in numeros:
 if num % 2 == 0:
 pares += 1

# Imprimir el resultado
print("El número de números pares en la lista es:", pares)
```

Este código tiene un error que podría llevar a resultados incorrectos.

Respuesta

CONVERTIR CADENAS, NÚMEROS

Reto 110: Lista de Palabras

Escribe un programa que solicite al usuario ingresar una lista de palabras separadas por espacios y determine cuántas de esas palabras tienen al menos 5 caracteres.

Código con el error:

```
#separadas por espacios
palabras = input("Ingrese una lista de palabras separadas por espacios: ")

# Convertir la cadena de entrada en una lista de palabras
palabras = palabras.split()

# Contar el número de palabras con al menos 5 caracteres
contador = 0
for palabra in palabras:
 if len(palabra) >= 5:
 contador += 1

# Imprimir el resultado
print("El número de palabras con al menos 5 caracteres es:", contador)
```

Este código tiene un error que puede producir resultados incorrectos.

Respuesta

Reto 111: Lista de Números

Escribe un programa que solicite al usuario ingresar una lista de números enteros separados por comas y encuentre el segundo número más grande en esa lista.

Código con el error:

```python
# Solicitar al usuario que ingrese una lista de
  números enteros separados por comas
numeros = input("Ingrese una lista de números
  enteros separados por comas: ").split(',')

# Convertir los números a enteros
numeros = [int(num) for num in numeros]

# Encontrar el segundo número más grande en la
  lista
numeros.sort()
segundo_maximo = numeros[-2]

# Imprimir el resultado
print("El segundo número más grande en la lista
  es:", segundo_maximo)
```

Este código tiene un error que podría llevar a resultados incorrectos.

Respuesta

Reto 112: Lista de palabras

Escribe un programa que solicite al usuario ingresar una lista de palabras separadas por comas y determine cuántas de esas palabras son palíndromos.

Código con el error:

```
# Solicitar al usuario que ingrese una lista de
  palabras separadas por comas
palabras = input("Ingrese una lista de palabras
  separadas por comas: ").split(',')

# Contar el número de palabras que son palíndromos
contador = 0
for palabra in palabras:
 if palabra == palabra[::-1]:
 contador += 1

# Imprimir el resultado
print("El número de palabras que son palíndromos
  es:", contador)
```

Este código tiene un error que podría llevar a resultados incorrectos.

Respuesta

Reto 113: Lista de Números

Escribe un programa que solicite al usuario ingresar una lista de números enteros separados por espacios y encuentre la diferencia absoluta máxima entre dos números consecutivos en esa lista.

Código con el error:

```
# Solicitar al usuario que ingrese una lista de
  números enteros separados por espacios
numeros = input("Ingrese una lista de números
  enteros separados por espacios: ").split()

# Convertir los números a enteros
numeros = [int(num) for num in numeros]

# Encontrar la diferencia absoluta máxima entre dos
  números consecutivos
max_diferencia = max(abs(numeros[i] - numeros[i+1])
  for i in range(len(numeros) - 1))

# Imprimir el resultado
print("La diferencia absoluta máxima entre dos
  números consecutivos es:", max_diferencia)
```

Este código tiene un error que podría llevar a resultados incorrectos.

Respuesta

Reto 114: Divisor

Escribe una función llamada dividir_lista que acepte una lista de números y un divisor. La función debe dividir cada elemento de la lista por el divisor y devolver una nueva lista con los resultados.

Código con error:

```
def dividir_lista(lista, divisor):
    """
    Divide cada elemento de la lista por el divisor
    y devuelve una nueva lista con los resultados.

    Argumentos:
    lista -- Una lista de números.
    divisor -- El divisor para la división.

    Retorna:
    Una nueva lista con los resultados de la división.
    """
    resultado = []
    for numero in lista:
        resultado.append(numero / divisor)
    return resultado

# Ejemplo de uso
numeros = [10, 20, 30, 40, 50]
divisor = 0
resultado = dividir_lista(numeros, divisor)
print("Resultado de la división:", resultado)
```

Respuesta

Reto 115: Raíces cuadráticas

Escribe una función llamada `calcular_raices_cuadraticas` que tome tres coeficientes

a, *b* y *c* como entrada y calcule las raíces cuadráticas de la ecuación cuadrática

$ax^2+bx+c=0$. La función debe devolver una tupla con las raíces cuadráticas.

Código con error:
```
def calcular_raices_cuadraticas(a, b, c):
 """
 Calcula las raíces cuadráticas de la ecuación
 cuadrática ax^2 + bx + c = 0.

 Argumentos:
 a -- El coeficiente cuadrático.
 b -- El coeficiente lineal.
 c -- El término independiente.

 Retorna:
 Una tupla con las raíces cuadráticas de la
ecuación.
 """
 discriminante = b ** 2 - 4 * a * c
 raiz1 = (-b + discriminante ** 0.5) / (2 * a)
 raiz2 = (-b - discriminante ** 0.5) / (2 * a)
 return (raiz1, raiz2)

# Ejemplo de uso
```

```
coeficientes = (1, -3, 2)
raices =
calcular_raices_cuadraticas(*coeficientes)
print("Raíces cuadráticas:", raices)
```

El código tiene un error porque no maneja correctamente el caso en el que el discriminante es negativo, lo que lleva a calcular raíces complejas.

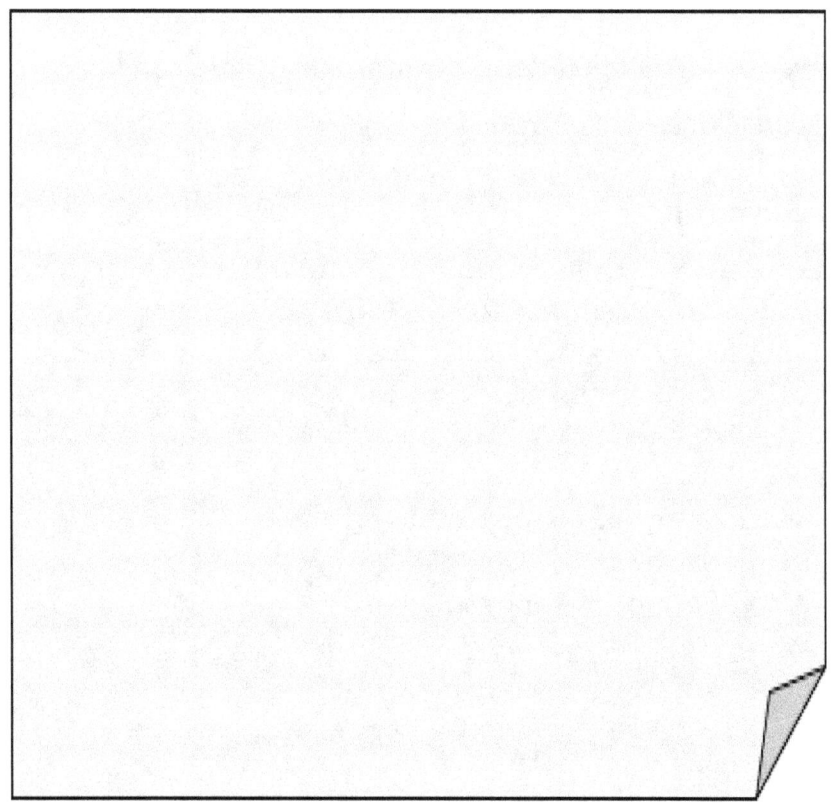

Reto 116: Suma

Crea un programa que realice la suma correspondiente:

```
resultado = suma(3, 4)
print("El resultado de la suma es:", resultado)

def suma(a, b):
 return a + b
```

Este código tiene un error que podría llevar a resultados incorrectos. Encuentra el error y corrige.

Respuesta:

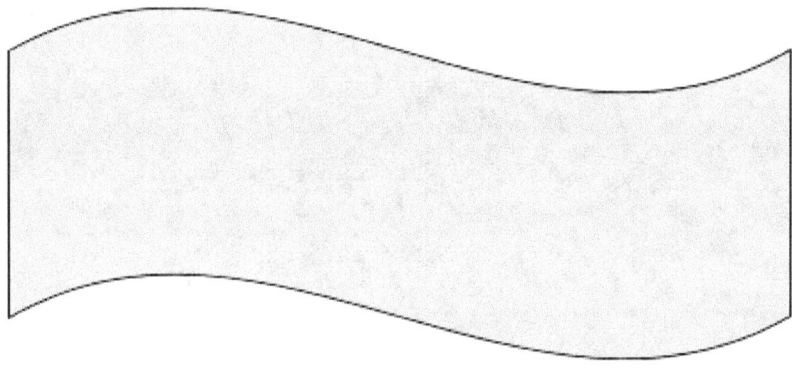

Reto 117: Mensaje

El siguiente código intenta imprimir un mensaje según la hora del día. Sin embargo, hay un error en la estructura de los bloques if, elif y else.

```
hora = 15

if hora < 12:
    print("Buenos días")
elif hora >= 12 and hora < 18
    print("Buenas tardes")
else:
    print("Buenas noches")
```

Respuesta:

Reto 118: Número Positivo, negativo

En este ejercicio, se intenta determinar si un número es positivo, negativo o cero. Sin embargo, hay un error en la estructura del bloque `elif`.

```
numero = -5

if numero > 0:
 print("El número es positivo.")
elif numero == 0
 print("El número es cero.")
else
 print("El número es negativo.")
```

Respuesta:

Reto 119:Clasificación de números

Este código intenta clasificar un número en una categoría según su valor. Sin embargo, hay un error en la estructura del bloque `elif`**.**

```
numero = 25

if numero < 10:
 print("El número es de un solo dígito.")
elif numero >= 10 and numero < 100
 print("El número es de dos dígitos.")
elif numero >= 100 and numero < 1000:
 print("El número es de tres dígitos.")
else:
 print("El número es muy grande.")
```

Respuesta:

Reto 120: Suma de dígitos

Escribe un programa que sume los dígitos de un número entero ingresado por el usuario. Por ejemplo, si el usuario ingresa 123, el programa debería imprimir la suma 6 (1 + 2 + 3).

Respuesta

Reto 121: Palíndromo

Escribe una función que determine si una cadena es un palíndromo o no. Un palíndromo es una palabra o frase que se lee igual hacia adelante y hacia atrás. Por ejemplo, "reconocer" es un palíndromo.

Respuesta

Reto 122: Cálculo del factorial

Escribe una función que calcule el factorial de un número entero no negativo ingresado por el usuario. El factorial de un número n se calcula como el producto de todos los números enteros positivos desde 1 hasta n. Por ejemplo, el factorial de 5 (representado como 5!) es 5 * 4 * 3 * 2 * 1 = 120.

Respuesta

Reto 123: Ordenamiento de lista

Escribe un programa que ordene una lista de números enteros ingresada por el usuario de menor a mayor utilizando el algoritmo de ordenamiento de selección.

Respuesta

Reto 124: Cálculo de la secuencia de Fibonacci

Escribe una función que calcule los primeros n términos de la secuencia de Fibonacci, donde cada término es la suma de los dos términos anteriores. La secuencia de Fibonacci comienza con los términos 0 y 1. Por ejemplo, los primeros 10 términos de la secuencia son: 0, 1, 1, 2, 3, 5, 8, 13, 21, 34.

Soluciones a los Retos:

Sol.1

```
print("Hola, mundo!")
```

El error en el programa original es una falta de comillas de cierre ("). La cadena `"Hola, mundo!` debe terminar con comillas dobles (") para que el programa se ejecute correctamente. Al agregar la comilla de cierre, el programa imprime correctamente "Hola, mundo!" en la consola.

Sol.2

Este código generará un error de sintaxis debido a la falta de un paréntesis de cierre en la línea 2.

Sol.3

Este código generará un error de nombre ya que Python distingue entre mayúsculas y minúsculas, y Print no está definido.

Sol.4

Este código generará un error de sintaxis debido al uso incorrecto del operador de comparación. Se debería usar == en lugar de = para comparar igualdad.

Sol.5

Este código generará un error de sintaxis debido a la falta de dos puntos después de la declaración de la función.

Sol.6

Error: No hay ningún error en este ejercicio. El código está correctamente concatenando las cadenas "Hola" y "Mundo" para formar la cadena "HolaMundo".

Sol.7

Error: Falta agregar comillas alrededor de la cadena "Hola Mundo!" para indicar que es una cadena de texto válida.

Sol. 8

```
num1 = 5
num2 = 3
suma = num1 + num2
print("La suma de num1 y num2 es:", suma)
```

El error en el programa original es una falta de paréntesis de cierre () en la línea de impresión. La función `print()` debe tener un paréntesis de cierre para indicar el final de los argumentos de la función. Al agregar el paréntesis de cierre, el programa calcula y muestra correctamente la suma de los dos números.

Sol. 9

```
numero1 = 4
numero2 = 6
producto = numero1 * numero2
print("El producto de numero1 y numero2 es:", producto)
```

El error en el programa original es una falta de coma (,) después de la cadena "El producto de numero1 y numero2 es:". La coma se necesita para separar los elementos que se van a imprimir.

Sol. 10

```
numero = 8
cuadrado = numero ** 2
print("El cuadrado de", numero, "es", cuadrado)
```

El error en el programa original es la falta de coma (,) después de la cadena "El cuadrado de" y antes de la variable cuadrado, así como la falta de una coma después de la variable numero y antes de la cadena "es". Las comas se necesitan para separar los elementos que se van a imprimir. Al agregar las comas, el programa calcula y muestra correctamente el cuadrado del número.

Sol. 11

```
pi = 3.14159
radio = 5
area = pi * radio ** 2
print("El área del círculo es", area)
```

El error en el programa original es la falta de coma (,) después de la cadena "El área del círculo es" y antes de la variable area. La coma es necesaria para separar los elementos que se van a imprimir. Al agregar la coma, el programa calcula y muestra correctamente el área del círculo.

Sol. 12

```
longitud = 10
anchura = 5
area = longitud * anchura
print("El área del rectángulo es:", area)
```

El error en el programa original es la falta de paréntesis de cierre ()) al final de la línea de impresión. Los paréntesis son necesarios para cerrar la llamada a la función print(). Al agregar el paréntesis de cierre, el programa calcula y muestra correctamente el área del rectángulo.

Sol. 13

Error: No hay ningún error en este ejercicio. El código está correctamente concatenando las cadenas "Hola" y "Mundo" para formar la cadena "HolaMundo".

Sol. 14

Error: Los nombres de las variables no pueden contener guiones (-). Deberías usar un guion bajo (_) o unir las palabras en notación camelCase.

Sol. 15

Error: La fórmula para calcular el área de un triángulo es (base * altura) / 2, no base * altura / 2. Falta agregar paréntesis para asegurar que la división se realice después de multiplicar.

Sol. 16

Error: No se puede concatenar una cadena con un número directamente. Debes convertir el número a cadena antes de concatenarlo.

Sol. 17

Error: Falta la indentación correcta para el bloque de código dentro del bucle for. La instrucción print(i * 2) debe estar indentada para que sea parte del bucle.

Sol. 18

Error: Falta indentar el contenido de la función imprimir_numero. Debería estar indentado con respecto a la línea que define la función.

Sol. 19

Error: La línea print("Fin del bucle") tiene una indentación adicional. Debería estar al mismo nivel que la línea print(i) para estar dentro del bucle for.

Sol. 20

Error: La línea print("El número es positivo.") debería estar indentada para estar dentro del bloque if. Actualmente, está al mismo nivel que el bloque else.

Sol. 21

Error: El contenido de la función funcion no está indentado correctamente. Debería estar indentado para indicar que es parte del cuerpo de la función.

Sol.22

Error: La línea print("Fin de la iteración") tiene una indentación adicional. Debería estar al mismo nivel que la línea print("Iteración:", i) para estar dentro del bucle for.

Sol.23

Error: La línea print("Condición falsa.") debería estar indentada para estar dentro del bloque else. Actualmente, está al mismo nivel que el bloque if.

Sol.24

Error: La línea `print("Iteración 2:", i)` está indentada con una cantidad diferente de espacios que la línea anterior. Ambas líneas deberían tener la misma indentación.

Sol. 25

Error: La línea `print("Número:", i)` tiene una indentación adicional. Debería estar indentada con un nivel menos para estar dentro del bucle `for`.

Sol. 26

Error: La línea `print("El número es negativo.")` está indentada de manera incorrecta. Debería estar indentada con un nivel más para estar dentro del bloque `else`.

Sol. 27

Error: La línea `print(i)` está indentada de manera incorrecta. Debería estar indentada con un nivel más para estar dentro del bloque `for`.

```
for i in range(1, 6):
    print(i)
```

Sol. 28

El código está correcto. Define una lista llamada `numeros` con los valores `[1, 2, 3, 4, 5]` y luego imprime el primer número de la lista usando `numeros[0]`. Este código imprimirá correctamente el primer número de la lista, que es `1`.

Sol.29
```
num1 = 10
num2 = 15
num3 = 20
promedio = (num1 + num2 + num3) / 3
print("El promedio es:", promedio)
```

El error en el programa original es la falta de coma (,) después de la cadena "El promedio es:" y antes de la variable promedio. La coma es necesaria para separar los elementos que se van a imprimir. Al agregar la coma, el programa calcula y muestra correctamente el promedio de los tres números.

Sol. 30

```
radio = 6
pi = 3.14159
area = pi * radio ** 2
print("El área del círculo es", area)
```

Explicación:

El error en el programa original es la falta de coma (,) después de la cadena `"El área del círculo es"` y antes de la variable `area`. La coma es necesaria para separar los elementos que se van a imprimir. Al agregar la coma, el programa calcula y muestra correctamente el área del círculo.

Sol. 31

```
numero = 7
if numero % 2 == 0:
 print(numero, "es un número par")
else:
 print(numero, "es un número impar")
```

Explicación:

El error en el programa original es la falta de dos puntos (`:`) después de las condiciones `if` y `else`. Los dos puntos son necesarios para indicar el comienzo de un bloque de código en Python. Al agregar los dos puntos, el programa funciona correctamente y determina si el número dado es par o impar.

Sol.32

```
numero = -3
if numero > 0:
 print(numero, "es un número positivo")
elif numero < 0:
 print(numero, "es un número negativo")
else:
 print(numero, "es cero")
```

Explicación:

El error en el programa original es la falta de dos puntos (:) después de las condiciones if, elif y else. Los dos puntos son necesarios para indicar el comienzo de un bloque de código en Python. Al agregar los dos puntos, el programa funciona correctamente y determina si el número dado es positivo, negativo o cero.

Sol. 33

```
cadena = "Python es un lenguaje de programación"
contador = 0
for letra in cadena:
 if letra.lower() in "aeiou":
  contador += 1
print("La cantidad de vocales en la cadena es:", contador)
```

Explicación:

El error en el programa original es que no tiene en cuenta las vocales en mayúsculas. Para corregir esto, se puede convertir cada letra a minúscula utilizando el método lower() antes de verificar si es una vocal. Al hacer esto, el programa contará correctamente las vocales tanto en mayúsculas como en minúsculas.

Sol. 34

```
for i in range(1, 11):
    print(i)
```

Explicación:

El error en el programa original es la falta de dos puntos (:) después de la línea for i in range(1, 11). Los dos puntos son necesarios para indicar el inicio del bloque de código del bucle for. Al agregar los dos puntos, el programa funciona correctamente y muestra los números del 1 al 10.

Sol. 35

```
contador = 0
numero = 0
while contador < 5:
 if numero % 2 == 0:
    print(numero)
    contador += 1
 numero += 1
```

Explicación:

El error en el programa original es la falta de dos puntos (:) después de la línea while contador < 5. Los dos puntos son necesarios para indicar el inicio del bloque de código del bucle while. Al agregar los dos puntos, el programa funciona correctamente y muestra los primeros 5 números pares.

Sol. 36

```
suma = 0
for i in range(1, 6):
 suma += i
print("La suma es:", suma)
```

Explicación:

El error en el programa original es la falta de dos puntos (:) después de la línea for i in range(1, 6). Los dos puntos son necesarios para indicar el inicio del bloque de código del bucle for. Al agregar los dos puntos, el programa funciona correctamente y calcula la suma de los números del 1 al 5.

Sol. 37

```
for i in range(10, 0, -1):
 print(i)
```

Explicación:

El error en el programa original es que falta el tercer argumento en la función range(), que indica el paso de la secuencia. Al especificar -1 como el paso, la secuencia se genera en orden descendente, comenzando desde 10 y terminando en 1. Al corregir esto, el programa imprimirá los números del 1 al 10 en orden descendente.

Sol. 38

```
for i in range(1, 11):
 if i % 2 != 0:
 print(i)
```

Explicación:

El error en el programa original es la falta de dos puntos (:) después de la línea for i in range(1, 11). Los dos puntos son necesarios para indicar el inicio del bloque de código dentro del bucle for. Al agregar los dos puntos, el programa funciona correctamente y muestra los números impares del 1 al 10.

Sol. 39

Este código concatenará las cadenas en lugar de sumar los números debido a que `input()` devuelve una cadena.

Solución:

```
num1 = int(input("Ingrese el primer número: "))
num2 = int(input("Ingrese el segundo número: "))

suma = num1 + num2
print("La suma es:", suma)
```

Se corrige el error convirtiendo las entradas del usuario en enteros usando `int()`.

Sol. 40

El error aquí es que `input()` devuelve una cadena y no se puede elevar una cadena a la potencia 2.

Solución:

```
numero = int(input("Ingrese un número: "))

cuadrado = numero ** 2
print("El cuadrado es:", cuadrado)
```

Se corrige el error convirtiendo la entrada del usuario en un entero usando `int()`.

Sol. 41

El código tiene un error en la condición del bucle `for`. La expresión `letra in "aeiou"` está buscando si cada letra en la cadena `cadena` está presente en la cadena `"aeiou"`, pero no está considerando las vocales con tilde (á, é, í, ó, ú) ni las vocales en mayúscula. Para corregir esto, puedes convertir tanto la letra como la cadena de vocales a minúsculas antes de hacer la comparación. Aquí tienes el código corregido:

```
cadena = "Python es un lenguaje de programación"
contador = 0
for letra in cadena:
    if letra.lower() in "aeiouáéíóú":
        contador += 1
print("La cantidad de vocales en la cadena es:", contador)
```

Con esta corrección, el programa contará correctamente las vocales, incluyendo tanto las minúsculas como las mayúsculas, así como las vocales con tilde.

Sol. 42

Error: Falta la indentación correcta para la instrucción de impresión dentro del bucle for. Debe estar indentada para que sea parte del cuerpo del bucle.

Sol. 43

El error en el código es que falta un : al final de la línea del bucle `for`. Python utiliza los dos puntos : para indicar el inicio de un bloque de código que pertenece al bucle `for`. Aquí está el código corregido:

```
for i in range(1, 11):
 print(i)
```

Con esta corrección, el bucle `for` se ejecutará correctamente imprimiendo los números del 1 al 10.

Sol. 44

El error en el código se produce porque la función `input()` devuelve una cadena (string), no un número entero. Por lo tanto, no puedes usar directamente el operador de módulo `%` con `numero`, ya que no es un entero. Debes convertir `numero` a un entero antes de realizar operaciones matemáticas con él. Aquí está el código corregido:

```
numero = int(input("Ingrese un número: "))

if numero % 2 == 0:
 print("El número es par.")
else:
 print("El número es impar.")
```

Con esta corrección, el código solicitará al usuario un número, lo convertirá a entero y luego verificará si es par o impar.

Sol. 45

El error en este código se debe a que la función `input()` devuelve una cadena (string), no un número. Por lo tanto, necesitas convertir `base` y `altura` a números antes de realizar cálculos matemáticos con ellos. Aquí está el código corregido:

```
base = float(input("Ingrese la longitud de la base del triángulo: "))
altura = float(input("Ingrese la altura del triángulo: "))

area = (base * altura) / 2
print("El área del triángulo es:", area)
```

Con esta corrección, el código solicitará al usuario la longitud de la base y la altura del triángulo, los convertirá a números de coma flotante (float) y luego calculará correctamente el área del triángulo.

Sol. 46

El error en este código se produce porque la función `input()` devuelve una cadena (string), no un número entero. Por lo tanto, no puedes comparar directamente `numero` con 0 en la condición `if`. Debes convertir `numero` a un entero antes de realizar la comparación. Además, también necesitas tener en cuenta que si el número es cero, también debe considerarse como positivo según la condición en tu código. Aquí está el código corregido:

```python
numero = int(input("Ingrese un número: "))

if numero >= 0:
 print("El número es positivo o cero.")
else:
 print("El número es negativo.")
```

Con esta corrección, el código solicitará al usuario un número, lo convertirá a entero y luego imprimirá si es positivo, negativo o cero.

Sol. 47

El código no tiene un error en términos de sintaxis, pero la lógica podría mejorarse para manejar correctamente el caso en el que el número es cero. Actualmente, el código solo verifica si el número es positivo o negativo, pero no considera el caso en el que el número sea cero.

Aquí está el código corregido para manejar también el caso de cero:

```python
numero = -7
```

```
if numero > 0:
 print("El número es positivo.")
elif numero < 0:
 print("El número es negativo.")
else:
 print("El número es cero.")
```

Con esta corrección, el código imprimirá "El número es cero." si `numero` es igual a cero.

Sol. 48

Error: No hay ningún error en este ejercicio. El código redondea correctamente el número 3.75.

Sol. 49

Error: Falta agregar comas (,) entre los elementos de la lista para separarlos correctamente. La lista debe ser `[1, 2, 3, 4, 5]`.

Sol. 50

Error: No hay ningún error en este ejercicio. El código está correctamente contando los elementos de la lista `numeros`.

Sol. 51

Error: Los nombres de los nombres deben estar entre comillas para indicar que son cadenas de texto válidas. De lo contrario, Python los interpretará como nombres de variables, lo que generará un error si estas variables no están definidas. La lista debería ser `["Juan", "María", "Pedro"]`.

Sol. 52

Error: Los nombres de los colores deben estar entre comillas para indicar que son cadenas de texto. De lo contrario, Python los interpretará como nombres de variables, lo que generará un error si estas variables no están definidas. La lista debería ser `["rojo", "verde", "azul"]`.

Sol. 53

No se encuentra ningún error en el código.

Sol. 54

Error: No hay ningún error en este ejercicio. El código está correctamente encontrando el máximo de dos números.

Sol. 55

El error aquí es que `input()` devuelve una cadena y no se puede usar el operador `**` con cadenas.

Solución:
```
numero = float(input("Ingrese un número: "))
potencia = float(input("Ingrese una potencia: "))

resultado = numero ** potencia
print("El resultado es:", resultado)
```

Se corrige el error convirtiendo las entradas del usuario en números de punto flotante usando `float()`.

Sol. 56

El error aquí es que el código no maneja correctamente el caso de que el número sea igual a 1.

Solución:

```
numero = int(input("Ingrese un número: "))

if numero > 1:
 for i in range(2, numero):
 if (numero % i) == 0:
 print(numero, "no es un número primo.")
 break
 else:
 print(numero, "es un número primo.")
else:
 print(numero, "no es un número primo.")
```

Se corrige el error agregando una condición adicional para verificar si el número es igual a 1.

Sol. 57

El error en el código está en la falta de un : al final de la línea del bucle `while`. Python utiliza los dos puntos : para indicar el inicio de un bloque de código que pertenece al bucle `while`. Además, hay un error en la lógica del código, ya que el contador debe incrementarse solo cuando se imprime un número par. Aquí tienes el código corregido:

```
contador = 0
```

```
numero = 0

while contador < 5:

  if numero % 2 == 0:

  print(numero)

  contador += 1

  numero += 1
```

Con esta corrección, el bucle `while` se ejecutará correctamente imprimiendo los primeros 5 números pares.

Sol. 58

El error en el código es que falta el operador de asignación = después de `range(1, 6)` en la línea del bucle `for`. Aquí tienes el código corregido:

```
suma = 0

for i in range(1, 6):

  suma += i

print("La suma es:", suma)
```

Con esta corrección, el bucle `for` se ejecutará correctamente, sumando los números del 1 al 5, y luego imprimirá la suma.

Sol. 59

El error en el código es que falta especificar el paso en la función `range()`. La función `range()` espera al menos un parámetro (el punto de inicio) y opcionalmente dos más (el punto final y el paso). Si no se especifica el paso, se asume que es 1 por defecto. Aquí tienes el código corregido:

```
for i in range(10, 0, -1):
  print(i)
```

Con esta corrección, el bucle `for` se ejecutará correctamente e imprimirá los números del 10 al 1 (en orden decreciente). El paso -1 indica que el bucle debe iterar en sentido inverso.

Sol. 60

El error en el código es que falta el operador de asignación = después de `range(1, 11)` en la línea del bucle `for`. Aquí tienes el código corregido:

```
for i in range(1, 11):
  if i % 2 != 0:
   print(i)
```

Con esta corrección, el bucle `for` se ejecutará correctamente e imprimirá los números impares del 1 al 10.

Sol. 61

Error: Falta agregar dos puntos (:) al final de las declaraciones `if` y `else` para indicar el comienzo de los bloques de código asociados a cada condición.

Sol.62

```
numero = int(input("Ingrese un número entero positivo: "))
suma = 0
for i in range(1, numero + 1):
 if i % 2 == 0:
  suma += i
print("La suma de los números pares desde 1 hasta", numero, "es:", suma)
```

Explicación:

En el código original, el rango de números en el bucle `for` comienza desde 0 en lugar de 1, lo que hace que no se incluya el número ingresado por el usuario en la suma. Al corregir el rango del bucle `for` para que comience desde 1 y termine en `numero + 1`, aseguramos que el número ingresado también sea considerado en la suma.

Sol. 63

```
numero = int(input("Ingrese un número entero positivo: "))
fibonacci = [0, 1]
while fibonacci[-1] <= numero:
 fibonacci.append(fibonacci[-1] + fibonacci[-2])
print("Secuencia de Fibonacci hasta", numero, ":", fibonacci[:-1])
```

Explicación:

El error en el código original está en la condición del bucle `while`. La condición `fibonacci[-1] < numero` hace que el último número de la secuencia de Fibonacci sea menor que el número ingresado por el usuario, pero esto puede resultar en que se incluya un número mayor al ingresado en la secuencia final. Para corregir esto, cambiamos la condición del bucle a `fibonacci[-1] <= numero`, y luego eliminamos el último número de la secuencia (que es mayor que el número ingresado) antes de imprimir la secuencia de Fibonacci.

```
numero = int(input("Ingrese un número entero positivo: "))
```

Sol. 64

```
print("Los divisores de", numero, "son:")
for i in range(1, numero + 1):
    if numero % i == 0:
        print(i)
```

Explicación:

El error en el código original es que el bucle `for` itera hasta `numero - 1`, lo que significa que el propio `numero` no se incluirá en la comprobación de divisibilidad. Al modificar el rango para que vaya desde 1 hasta `numero + 1`, aseguramos que todos los números desde 1 hasta `numero` sean considerados en la búsqueda de divisores.

Sol.65

```
n = int(input("Ingrese un número entero positivo: "))
primos = []
numero = 2
while len(primos) < n:
    for i in range(2, numero):
        if numero % i == 0:
            break
    else:
```

```
        primos.append(numero)
    numero += 1
print("Los primeros", n, "números primos son:", primos[:n])
```

Explicación:

El error en el código original es que imprime todos los números primos encontrados hasta el momento, sin importar si se han encontrado más números primos de los solicitados. Al corregir la impresión de la lista de primos, usando la rebanada primos[:n], nos aseguramos de imprimir solo los primeros "n" números primos como se requiere.

Sol. 66

```
numero = int(input("Ingrese un número entero positivo: "))
suma_divisores = 0
for i in range(1, numero):
    if numero % i == 0:
 suma_divisores += i
if suma_divisores == numero:
    print(numero, "es un número perfecto.")
else:
    print(numero, "no es un número perfecto.")
```

Explicación:

El código original es funcional y no contiene errores aparentes. El programa determina si un número ingresado por el usuario es un número perfecto al calcular la suma de sus divisores propios e imprimir el resultado correspondiente.

Sol.67

```
cadena = input("Ingrese una cadena de caracteres: ")
cadena = cadena.lower()
cadena = ''.join(c for c in cadena if c.isalnum())
reverso = cadena[::-1]
if cadena == reverso:
    print("La cadena ingresada es un palíndromo.")

else:
    print("La cadena ingresada no es un palíndromo.")
```

Explicación:

El error en el código original es que no se eliminan los caracteres no alfanuméricos antes de verificar si la cadena es un palíndromo. Al añadir la línea cadena = ''.join(c for c in cadena if c.isalnum()), nos aseguramos de eliminar todos los caracteres no alfanuméricos de la cadena antes de realizar la verificación. Esto permite que la comprobación de palíndromo funcione correctamente incluso si la cadena contiene espacios o puntuaciones.

Sol. 68

```
lista = input("Ingrese una lista de números separados por comas: ")
numeros = lista.split(',')
if numeros == numeros[::-1]:
    print("La lista ingresada es simétrica.")
else:
    print("La lista ingresada no es simétrica.")
```

Explicación:

El código original es funcional y no contiene errores aparentes. El programa verifica si la lista ingresada es simétrica comparando la lista original con su versión invertida. Si son iguales, la lista es simétrica; de lo contrario, no lo es.

Sol. 69

```
numero = int(input("Ingrese un número entero positivo: "))
if numero > 1:
    for i in range(2, int(numero ** 0.5) + 1):
        if numero % i == 0:
            print(numero, "no es un número primo.")
            break
    else:
        print(numero, "es un número primo.")
else:
    print(numero, "no es un número primo.")
```

Explicación:

El error en el código original es que el bucle `for` itera hasta `numero - 1`, lo que no es necesario y puede ser ineficiente para números grandes. Podemos reducir el rango del bucle iterando solo hasta la raíz cuadrada del número (redondeada hacia arriba), lo que reduce el número de divisiones necesarias para verificar si un número es primo. Al hacer este cambio, el programa funciona correctamente y determina si el número ingresado por el usuario es primo o no.

Sol 70

```
import string

frase = input("Ingrese una cadena de palabras: ")
letras = set(frase.lower())
letras = set(filter(lambda x: x.isalpha(), letras))
```

```
if len(letras) == 26:
    print("La frase ingresada es un pangrama.")
else:
    print("La frase ingresada no es un pangrama.")
```

Explicación:

El error en el código original es que no excluye los caracteres que no son letras del alfabeto antes de verificar si la frase es un pangrama. Al utilizar `string.isalpha()`, nos aseguramos de filtrar solo las letras del alfabeto y contarlas para determinar si la frase es un pangrama o no.

Sol. 71

```
cadena = input("Ingrese una cadena de caracteres: ")
cadena = cadena.lower()
cadena = ''.join(c for c in cadena if c.isalnum())
reverso = cadena[::-1]
if cadena == reverso:
    print("La cadena ingresada es un palíndromo.")
else:
    print("La cadena ingresada no es un palíndromo.")
```

Explicación:

El error en el código original es que no se eliminan los caracteres no alfanuméricos antes de verificar si la cadena es un palíndromo. Al añadir la línea `cadena = ''.join(c for c in cadena if c.isalnum())`, nos aseguramos de eliminar todos los caracteres no alfanuméricos de la cadena antes de realizar la verificación. Esto permite que la comprobación de palíndromo funcione correctamente incluso si la cadena contiene espacios o puntuaciones.

Sol.72

```python
def es_pangrama(frase):
 alfabeto = set('abcdefghijklmnopqrstuvwxyz')
 return alfabeto.issubset(set(frase.lower()))

frase = input("Ingrese una frase: ")
if es_pangrama(frase):
 print("La frase es un pangrama.")
else:
 print("La frase no es un pangrama.")
```

Explicación:

El error en el código original es que la condición `>=` se utiliza para verificar si el conjunto de letras en la frase contiene todas las letras del alfabeto. Esto funcionaría si la frase contiene exactamente las letras del alfabeto, pero si contiene más de una instancia de una letra, el resultado sería incorrecto. Para solucionarlo, utilizamos el método `issubset()` que verifica si el conjunto de letras del alfabeto es un subconjunto del conjunto de letras en la frase.

Sol.73

```python
numeros = input("Ingrese una lista de números separados por espacios: ").split()
numeros = list(map(int, numeros))
maximo = max(numeros)
print("El número más grande es:", maximo)
```

Explicación:

El error en el código original es que los números ingresados son tratados como cadenas en lugar de enteros. Por lo tanto, el resultado de `max()` no es el número más grande, sino el valor máximo basado en el orden lexicográfico de las cadenas. Convertimos los números a enteros utilizando `map(int, numeros)` para obtener el número más grande correctamente.

Sol 74

```
numero = input("Ingrese un número entero: ")
suma_digitos = sum(int(digito) for digito in numero if
digito.isdigit())
print("La suma de los dígitos es:", suma_digitos)
```

Explicación:

El error en el código original es que se intenta convertir cada carácter de la cadena `numero` en un entero sin verificar si el carácter es realmente un dígito. Esto generará un error si la cadena contiene algún carácter que no sea un dígito. Para corregirlo, agregamos la condición `if digito.isdigit()` dentro de la expresión del generador para asegurarnos de sumar solo los dígitos válidos.

Sol. 75

```
numero = input("Ingrese un número: ")
longitud = len(numero)
suma = sum(int(digito) ** longitud for digito in numero)
if suma == int(numero):
 print(numero, "es un número de Armstrong.")
else:
 print(numero, "no es un número de Armstrong.")
```

Explicación:

El código original es funcional y no contiene errores aparentes. El programa determina si un número es un número de Armstrong calculando la suma de los dígitos elevados a la potencia del número total de dígitos y comparándolo con el número original.

Sol. 76

```
palabras = input("Ingrese una lista de palabras separadas por
espacios: ").split()
resultado = [palabra for palabra in palabras if len(palabra)
>= 5 and (palabra[0].lower() == 'a')]
print("Palabras con al menos 5 caracteres y que comienzan con
'a' o 'A':", resultado)
```

Explicación:

El error en el código original es que solo se verifica si la primera letra es igual a 'a' o 'A', sin considerar el caso de la letra. Para corregirlo, podemos convertir la primera letra a minúscula utilizando el método lower() y luego compararla con 'a'. Esto asegura que las palabras que comiencen con 'A' también sean consideradas.

Sol. 77

```
def es_primo(numero):
 if numero < 2:
 return False
 for i in range(2, numero):
 if numero % i == 0:
 return False
 return True

numeros = input("Ingrese una lista de números enteros
separados por comas: ").split(',')
primos = [int(numero) for numero in numeros if
es_primo(int(numero))]
print("Cantidad de números primos:", len(primos))
```

Explicación:
El error en el código original es que los números extraídos de la entrada son tratados como cadenas y no como enteros, lo que hace que la función es_primo falle al intentar calcular el módulo de un número con una cadena. Para

corregirlo, convertimos cada elemento de la lista de números en enteros utilizando int(numero) antes de llamar a la función es_primo.

Sol.78

```
texto = input("Ingrese una cadena de texto: ")
palabras = texto.split()
frecuencia = {palabra: palabras.count(palabra) for palabra in set(palabras)}
for palabra, count in frecuencia.items():
 print(f"{palabra}: {count}")
```

Explicación:

El error en el código original es que se está contando la frecuencia de cada palabra en la lista de palabras completa, lo que puede resultar en recuentos incorrectos si una palabra aparece más de una vez en el texto. Para corregirlo, podemos crear un conjunto de palabras únicas utilizando `set(palabras)` para evitar contar la frecuencia de una palabra más de una vez. De esta manera, obtenemos el recuento correcto de cada palabra en el texto.

Sol. 79

```
numeros = input("Ingrese una lista de números enteros separados por espacios: ").split()
numeros = list(map(int, numeros))
if len(numeros) < 2:
 print("Debe ingresar al menos dos números.")
else:
 numeros.sort()
 print("El segundo número más grande es:", numeros[-2])
```

Explicación:

El error en el código original es que no se verifica si la lista de números ingresada tiene al menos dos elementos antes de intentar imprimir el segundo número más grande. Si la lista tiene menos de dos elementos, el acceso a `numeros[-2]` generará un error. Para corregirlo, agregamos una verificación para asegurarnos de que la lista tenga al menos dos elementos antes de imprimir el segundo número más grande.

Sol. 80

```
def es_palindromo(cadena):
 cadena = ''.join(c.lower() for c in cadena if c.isalnum())
 return cadena == cadena[::-1]

cadena = input("Ingrese una cadena de texto: ")
if es_palindromo(cadena):
 print("La cadena es un palíndromo.")
else:
 print("La cadena no es un palíndromo.")
```

Explicación:

El error en el código original es que la función `es_palindromo` no elimina los caracteres no alfanuméricos antes de verificar si la cadena es un palíndromo. Para corregirlo, utilizamos un generador de comprensión para filtrar solo los caracteres alfanuméricos antes de realizar la comparación de palíndromo.

Sol. 81

```
lista1 = input("Ingrese la primera lista de números enteros separados por espacios: ").split()
lista2 = input("Ingrese la segunda lista de números enteros separados por espacios: ").split()
```

```
if len(lista1) == len(lista2) and set(lista1) == set(lista2):
 print("Las listas son iguales.")
else:
 print("Las listas son diferentes.")
```

Explicación:

El error en el código original es que está comparando si las listas ordenadas son iguales, lo cual no es lo que se desea. La solución es comparar si las listas tienen la misma longitud y si contienen los mismos elementos, utilizando conjuntos para realizar la comparación de elementos sin importar el orden.

Sol. 82

```
palabras = input("Ingrese una lista de palabras separadas por comas: ").split(',')
palabra_mas_larga = max(palabras, key=len)
print("La palabra más larga es:", palabra_mas_larga)
```

Explicación:

El código original es funcional y no contiene errores aparentes. Utiliza la función `max()` para encontrar la palabra más larga en la lista de palabras ingresadas por el usuario, utilizando la longitud de cada palabra como criterio de comparación.

Sol. 83

```
numeros = input("Ingrese una lista de números enteros separados por comas: ").split(',')
```

```
numeros = [int(numero) for numero in numeros] # Convertimos
los números a enteros
if numeros == numeros[::-1]:
 print("La lista es un palíndromo.")
else:
 print("La lista no es un palíndromo.")
```

Explicación:

El error en el código original es que los números se almacenan como cadenas después de la división con split(). Por lo tanto, cuando se verifica si la lista es un palíndromo, la comparación se realiza entre cadenas en lugar de números. Para corregirlo, convertimos cada elemento de la lista a enteros utilizando una comprensión de lista antes de realizar la verificación de palíndromo.

Sol. 84

```
numeros = input("Ingrese una lista de números enteros
separados por espacios: ").split()
numeros = [int(numero) for numero in numeros]

if numeros == sorted(numeros):
 print("La lista está ordenada de manera ascendente.")
elif numeros == sorted(numeros, reverse=True):
 print("La lista está ordenada de manera descendente.")
else:
 print("La lista no está ordenada.")
```

Explicación:

El código original es funcional y no contiene errores aparentes. Compara la lista original con una lista ordenada de manera ascendente y descendente para determinar si la lista está ordenada en alguna de esas formas.

Sol. 85

```python
import string

def es_pangrama(frase):
 alfabeto = set(string.ascii_lowercase)
 letras_frase = set(filter(lambda x: x.isalpha(), frase.lower()))
 return letras_frase == alfabeto

frase = input("Ingrese una frase: ")
if es_pangrama(frase):
 print("La frase es un pangrama.")
else:
 print("La frase no es un pangrama.")
```

Explicación:

El error en el código original es que la función `es_pangrama` no filtra los caracteres no alfabéticos antes de verificar si la frase es un pangrama. Para corregirlo, utilizamos `filter()` para mantener solo los caracteres alfabéticos en la cadena de entrada antes de compararla con el alfabeto.

Sol.86

```python
def tiene_vocal(palabra):
 vocales = {'a', 'e', 'i', 'o', 'u'}
```

```
    return any(vocal in palabra.lower() for vocal in vocales)

palabras = input("Ingrese una lista de palabras separadas por
comas: ").split(',')
contador = sum(tiene_vocal(palabra) for palabra in palabras)
print("Cantidad de palabras con al menos una vocal:",
contador)
```

Explicación:

El código original es funcional y no contiene errores aparentes. Utiliza la función `tiene_vocal` para determinar si una palabra tiene al menos una vocal, y luego suma el número de palabras en la lista que cumplen esta condición.

Sol. 87

```
def es_primo(numero):
 if numero < 2:
 return False
 for i in range(2, int(numero**0.5) + 1):
 if numero % i == 0:
 return False
 return True

numeros = input("Ingrese una lista de números enteros
separados por comas: ").split(',')
son_primos = all(es_primo(int(numero)) for numero in numeros)
if son_primos:
 print("Todos los números son primos.")
else:
 print("No todos los números son primos.")
```

Explicación:

El error en el código original es que la función `es_primo` no verifica correctamente si un número es primo. La iteración en el rango debería ser hasta la raíz cuadrada del número más uno. Además, se debe convertir cada número ingresado por el usuario a un entero antes de verificar si es primo. Estas correcciones aseguran que el programa funcione correctamente.

Sol. 88

```python
from collections import Counter

def es_anagrama(frase):
    return Counter(frase.lower()) == Counter("oso")

frase = input("Ingrese una cadena de texto: ")
if es_anagrama(frase):
    print("La frase es un anagrama de 'oso'.")
else:
    print("La frase no es un anagrama de 'oso'.")
```

Explicación:

El error en el código original es que utiliza el método `sorted()` para ordenar los caracteres de la frase y luego compara si coincide con los caracteres ordenados de "oso". Esto no es correcto para verificar anagramas, ya que no considera la cantidad de ocurrencias de cada letra. La solución correcta es utilizar la clase `Counter` de la biblioteca `collections` para contar las ocurrencias de cada letra en ambas frases y luego comparar los contadores para determinar si son iguales.

Sol. 89

```python
def es_palindromo(palabra):
```

```
    return palabra == palabra[::-1]

palabras = input("Ingrese una lista de palabras separadas por
espacios: ").split()
contador_palindromos = sum(es_palindromo(palabra) for palabra
in palabras if palabra)
print("Cantidad de palíndromos:", contador_palindromos)
```

Explicación:

El error en el código original es que no se filtran las palabras vacías antes de verificar si son palíndromos. Esto puede conducir a un recuento incorrecto si el usuario ingresa palabras vacías. La solución es agregar una condición `if palabra` en la comprensión de lista para asegurarse de que solo se cuenten las palabras que no estén vacías.

Sol.90

```
from collections import Counter

def son_anagramas(cadena1, cadena2):
  return Counter(cadena1.lower()) == Counter(cadena2.lower())

cadena1 = input("Ingrese la primera cadena de texto: ")
cadena2 = input("Ingrese la segunda cadena de texto: ")

if son_anagramas(cadena1, cadena2):
  print("Las cadenas son anagramas entre sí.")
else:
  print("Las cadenas no son anagramas entre sí.")
```

Explicación:

El error en el código original es que utiliza el método `sorted()` para ordenar los caracteres de cada cadena y luego compara si las cadenas ordenadas son iguales. Esto no es correcto para verificar anagramas, ya que no considera la cantidad de ocurrencias de cada letra. La solución correcta es utilizar la clase `Counter` de la biblioteca `collections` para contar las ocurrencias de cada letra en ambas cadenas y luego comparar los contadores para determinar si son iguales.

Sol. 91

```
def misma_longitud(lista_palabras):
  longitud = len(lista_palabras[0])
  return all(len(palabra) == longitud for palabra in lista_palabras)

palabras = input("Ingrese una lista de palabras separadas por comas: ").split(',')
if palabras: # Verificar si se ingresaron palabras
  if misma_longitud(palabras):
  print("Todas las palabras tienen la misma longitud.")
  else:
  print("No todas las palabras tienen la misma longitud.")
else:
  print("No se han ingresado palabras.")
```

Explicación:

El error en el código original es que no se verifica si se ingresaron palabras antes de intentar determinar si tienen la misma longitud. Esto puede generar un error si la lista de palabras está vacía. La solución es agregar una condición para verificar si se ingresaron palabras antes de realizar la comparación de longitudes. Si no se ingresaron palabras, se debe imprimir un mensaje indicando que no se ingresaron palabras.

Sol. 92

```
def es_anagrama(cadena1, cadena2):
  cadena1 = ''.join(c for c in cadena1 if c.isalpha())
```

```
  cadena2 = ''.join(c for c in cadena2 if c.isalpha())
  return sorted(cadena1.lower()) == sorted(cadena2.lower())

cadena1 = input("Ingrese la primera cadena de texto: ")
cadena2 = input("Ingrese la segunda cadena de texto: ")

if es_anagrama(cadena1, cadena2):
 print("Las cadenas son anagramas entre sí.")
else:
 print("Las cadenas no son anagramas entre sí.")
```

Explicación:

El error en el código original es que elimina los espacios en blanco de las cadenas antes de verificar si son anagramas. Sin embargo, esto no tiene en cuenta la distinción entre mayúsculas y minúsculas. La solución correcta es eliminar todos los caracteres no alfabéticos antes de verificar si son anagramas. Esto se puede hacer utilizando el método `isalpha()` para filtrar solo los caracteres alfabéticos.

Sol. 93

```
def misma_letra(palabra):
  return palabra[0].lower() == palabra[-1].lower() and palabra[0].isalpha() and palabra[-1].isalpha()

palabras = input("Ingrese una lista de palabras separadas por espacios: ").split()
contador = sum(misma_letra(palabra) for palabra in palabras)
print("Cantidad de palabras que comienzan y terminan con la misma letra:", contador)
```

Explicación:

El error en el código original es que no se verifica si el primer y último caracteres de cada palabra son letras antes de compararlos. Esto puede llevar a contabilizar palabras que no comienzan y terminan con letras. La solución consiste en agregar una condición adicional para verificar si ambos caracteres son letras antes de realizar la comparación.

Sol. 94

```
palabras = input("Ingrese una lista de palabras separadas por espacios: ").split()
if palabras: # Verificar si se ingresaron palabras
 palabra_mas_larga = max(palabras, key=len)
 palabra_mas_corta = min(palabras, key=len)
 print("Palabra más larga:", palabra_mas_larga)
 print("Palabra más corta:", palabra_mas_corta)
else:
 print("No se han ingresado palabras.")
```

Explicación:

El error en el código original es que no se verifica si se ingresaron palabras antes de intentar encontrar la palabra más larga y la palabra más corta. Esto puede llevar a un error si no se ingresa ninguna palabra. La solución es agregar una condición para verificar si se ingresaron palabras antes de realizar estas operaciones. Si no se ingresaron palabras, se debe imprimir un mensaje indicando que no se ingresaron palabras.

Sol. 95

```
numeros = input("Ingrese una lista de números separados por espacios: ").split()
if numeros: # Verificar si se ingresaron números
 pares = sum(int(numero) % 2 == 0 for numero in numeros)
 impares = len(numeros) - pares
 print("Cantidad de números pares:", pares)
 print("Cantidad de números impares:", impares)
```

```
else:
  print("No se han ingresado números.")
```

Explicación:

El error en el código original es que no se verifica si se ingresaron números antes de intentar determinar cuántos son pares e impares. Esto puede llevar a un error si no se ingresa ningún número. La solución es agregar una condición para verificar si se ingresaron números antes de realizar estas operaciones. Si no se ingresaron números, se debe imprimir un mensaje indicando que no se ingresaron números.

Sol. 96

```
palabras = input("Ingrese una lista de palabras separadas por comas: ").split(',')
contador = sum('a' in palabra.lower() for palabra in palabras if palabra)
print("Cantidad de palabras que contienen al menos una letra 'a':", contador)
```

Explicación:

El error en el código original es que no se verifica si las palabras son vacías antes de verificar si contienen la letra "a". Esto podría conducir a un recuento incorrecto si se ingresan palabras vacías. La solución consiste en agregar una condición adicional para verificar si la palabra no está vacía antes de realizar la verificación.

Sol. 97

```
numeros = input("Ingrese una lista de números enteros separados por comas: ").split(',')
```

```
contador = sum(int(numero) % 3 == 0 and int(numero) % 5 != 0
for numero in numeros if numero.strip())
print("Cantidad de números divisibles por 3 pero no por 5:",
contador)
```

Explicación:

El error en el código original es que no se verifica si los números ingresados están vacíos antes de realizar la verificación. Si se ingresan números vacíos, la conversión a entero generará un error. La solución consiste en agregar una condición adicional para verificar si el número no está vacío antes de realizar las operaciones de divisibilidad.

Sol. 98

```
def es_palindromo(palabra):
  return palabra == palabra[::-1]

palabras = input("Ingrese una lista de palabras separadas por
espacios: ").split()
contador_palindromos = sum(es_palindromo(palabra) for palabra
in palabras if palabra.strip())
print("Cantidad de palíndromos:", contador_palindromos)
```

Explicación:

El error en el código original es que no se verifica si las palabras ingresadas están vacías antes de verificar si son palíndromos. Esto puede llevar a contar incorrectamente palabras vacías como palíndromos. La solución es agregar una condición adicional para verificar si la palabra no está vacía antes de realizar la verificación de palíndromo.

Sol. 99

```
def es_primo(numero):
 if numero < 2:
 return False
 for i in range(2, int(numero ** 0.5) + 1):
 if numero % i == 0:
 return False
 return True

numeros = input("Ingrese una lista de números enteros
separados por espacios: ").split()
contador_primos = sum(es_primo(int(numero)) for numero in
numeros if numero.strip())
print("Cantidad de números primos:", contador_primos)
```

Explicación:

El error en el código original es que no se verifica si los números ingresados están vacíos antes de verificar si son primos. Esto podría conducir a errores si se ingresan números vacíos. La solución es agregar una condición adicional para verificar si el número no está vacío antes de realizar la verificación de primalidad.

Sol. 100

El siguiente código intenta imprimir si un número ingresado por el usuario es par o impar. Encuentra y corrige el error.

Código con error:

```
numero = input("Ingrese un número: ")

if numero % 2 == 0:
 print("El número es par.")
else:
 print("El número es impar.")
```

El error aquí es que `input()` devuelve una cadena y no se puede usar el operador `%` con cadenas.

Solución:

```
numero = int(input("Ingrese un número: "))

if numero % 2 == 0:
 print("El número es par.")
else:
 print("El número es impar.")
```

Se corrige el error convirtiendo la entrada del usuario en un entero usando `int()`.

Sol. 101

```
num1 = int(input("Ingrese el primer número: "))
num2 = int(input("Ingrese el segundo número: "))
num3 = int(input("Ingrese el tercer número: "))

maximo = num1

if num2 > maximo:
  maximo = num2
if num3 > maximo:
  maximo = num3

print("El máximo de los tres números es:", maximo)
```

Explicación:

En el código original, las líneas que actualizan la variable `maximo` dentro del condicional `if` no están correctamente indentadas. Estas líneas deben estar indentadas con cuatro espacios (o un tabulador) para indicar que forman parte del bloque del condicional. De lo contrario, el programa no funcionará correctamente y no determinará correctamente el máximo de los tres números.

Sol. 102

```
num1 = int(input("Ingrese el primer número: "))
num2 = int(input("Ingrese el segundo número: "))

if num1 % num2 == 0:
 print(num1, "es múltiplo de", num2)
else:
 print(num1, "no es múltiplo de", num2)
```

Explicación:

En el código original, las líneas que imprimen el resultado no están correctamente indentadas dentro del bloque del condicional `if`. Deben estar indentadas con cuatro espacios (o un tabulador) para indicar que forman parte del bloque del condicional. De lo contrario, el programa no funcionará correctamente y no determinará correctamente si el primer número es múltiplo del segundo.

Sol. 103

```
import math

# Solicitar al usuario que ingrese el radio del círculo
radio = float(input("Ingrese el radio del círculo: "))

# Calcular el área del círculo utilizando la fórmula: área = π * radio^2
área = math.pi * radio ** 2

# Imprimir el resultado
print("El área del círculo es:", área)
```

Explicación:

En este ejemplo, el error radica en el nombre de la variable área. La letra "á" lleva una tilde (á), lo cual no es válido en los identificadores de variables en Python. Python es sensible a mayúsculas y minúsculas, por lo que área y area se consideran variables diferentes. Por lo tanto, al tratar de imprimir la variable área, Python generará un error de NameError indicando que la variable no está definida.

Para corregir este error, simplemente debes usar el nombre de variable area sin la tilde.

Sol. 104

El error radica en que los números ingresados se están tratando como enteros (integers), lo que significa que no se están manejando adecuadamente si el usuario ingresa valores no numéricos. Una solución es envolver la entrada del usuario en un bloque try-except para manejar posibles errores de conversión.

```
try:
 # Solicitar al usuario que ingrese dos números enteros
 num1 = int(input("Ingrese el primer número: "))
 num2 = int(input("Ingrese el segundo número: "))

 # Calcular la suma de los números
 suma = num1 + num2

 # Imprimir la suma de los números
 print("La suma de los números es:", suma)
except ValueError:
 print("Ha ocurrido un error. Asegúrese de ingresar números enteros.")
```

Con esta solución, si el usuario ingresa valores no numéricos, se capturará la excepción `ValueError` y se imprimirá un mensaje de error adecuado en lugar de provocar una interrupción del programa.

Sol. 105

```
# Solicitar al usuario que ingrese un número entero positivo
numero = int(input("Ingrese un número entero positivo: "))

print("Los divisores de", numero, "son:")

# Encontrar y imprimir los divisores del número
for i in range(1, numero + 1):
 if numero % i == 0:
 print(i)
```

Explicación:

En el código original, las líneas dentro del bucle `for` no están correctamente indentadas. Las líneas que imprimen los divisores deben estar indentadas con al menos un espacio (o tabulador) para indicar que son parte del bloque del bucle `for`. Sin la indentación adecuada, Python generará un error de sintaxis. La solución consiste en agregar la indentación adecuada para corregir el error.

Sol. 106

```
# Solicitar al usuario que ingrese un número
numero = int(input("Ingrese un número: "))

# Verificar si el número es primo
if numero > 1:
 for i in range(2, int(numero ** 0.5) + 1):
 if (numero % i) == 0:
 print(numero, "no es un número primo")
 break
 else:
```

```
    print(numero, "es un número primo")
else:
    print(numero, "no es un número primo")
```

Explicación:

En la solución, se han realizado dos modificaciones:

Se ha cambiado el rango del bucle `for` para que vaya desde 2 hasta la raíz cuadrada del número ingresado más 1. Esto se hace para mejorar la eficiencia del algoritmo, ya que no es necesario verificar divisores más allá de la raíz cuadrada del número.
Se ha corregido la condición para manejar correctamente los casos donde el número es igual a 2 o menor que 2. Si el número es igual a 2, se imprime que es un número primo. Si el número es menor que 2, se imprime que no es un número primo.

Sol. 107

El código proporcionado tiene un error en la lógica para determinar si un número es primo o no. La condición `if (num % i) == 0:` debería romper el bucle interno si encuentra un divisor, pero en su lugar, rompe el bucle externo. Esto significa que el programa solo imprimirá el primer número primo encontrado y luego saldrá del bucle externo.

```
# Solicitar al usuario que ingrese un número entero positivo
numero = int(input("Ingrese un número entero positivo: "))

print("Números primos menores o iguales que", numero, ":")

# Verificar si cada número hasta el número ingresado es primo
for num in range(2, numero + 1):
    if num > 1:
        for i in range(2, int(num ** 0.5) + 1):
            if (num % i) == 0:
```

```
    break
else:
    print(num)
```

Explicación:

En la solución, se ha corregido la lógica de la condición `if (num % i) == 0:` para que rompa el bucle interno si encuentra un divisor, en lugar de romper el bucle externo. Además, se ha cambiado el rango del bucle interno para que vaya desde 2 hasta la raíz cuadrada del número actual más 1, para mejorar la eficiencia del algoritmo. De esta manera, el programa imprimirá correctamente todos los números primos menores o iguales que el número ingresado por el usuario.

Sol. 108

```
import re

# Solicitar al usuario que ingrese una cadena de texto
texto = input("Ingrese una cadena de texto: ")

# Eliminar los espacios y signos de puntuación y convertir
todo a minúsculas
texto = texto.lower()
texto = re.sub(r'[^a-zA-Z0-9]', '', texto)

# Verificar si el texto es un palíndromo
if texto == texto[::-1]:
    print("La cadena es un palíndromo.")
else:
    print("La cadena no es un palíndromo.")
```

Explicación:

En la solución, se ha importado el módulo `re` para utilizar expresiones regulares. Luego, se utiliza la función `re.sub()` para eliminar todos los caracteres que no sean letras o números de la cadena de texto. Esto incluye los signos de puntuación y otros caracteres especiales. De esta manera, la cadena de texto se limpia antes de verificar si es un palíndromo.

Sol.109

Solución y explicación:

```python
# Solicitar al usuario que ingrese una lista de números
enteros separados por espacios
numeros = input("Ingrese una lista de números enteros separados por espacios: ")

# Convertir la cadena de entrada en una lista de números
enteros
numeros = [int(num) for num in numeros.split()]

# Contar el número de números pares en la lista
pares = sum(1 for num in numeros if num % 2 == 0)

# Imprimir el resultado
print("El número de números pares en la lista es:", pares)
```

Explicación:

En la solución, se ha utilizado la función `sum()` junto con una expresión generadora para contar el número de números pares en la lista de manera más eficiente. Esto elimina la necesidad de mantener una variable de contador por separado. La expresión generadora `(1 for num in numeros if num % 2 == 0)` genera 1 para cada número par en la lista, y la función `sum()` suma estos valores, dando como resultado el número total de números pares en la lista.

Sol.110

Solución y explicación:

```python
# Solicitar al usuario que ingrese una lista de palabras
# separadas por espacios
palabras = input("Ingrese una lista de palabras separadas por espacios: ")

# Convertir la cadena de entrada en una lista de palabras
palabras = palabras.split()

# Contar el número de palabras con al menos 5 caracteres
contador = sum(1 for palabra in palabras if len(palabra) >= 5)

# Imprimir el resultado
print("El número de palabras con al menos 5 caracteres es:", contador)
```

Explicación:

En la solución, se ha utilizado una expresión generadora junto con la función `sum()` para contar de manera eficiente el número de palabras en la lista que tienen al menos 5 caracteres. La expresión generadora `(1 for palabra in palabras if len(palabra) >= 5)` genera 1 para cada palabra que cumple con la condición especificada, y la función `sum()` suma estos valores, dando como resultado el número total de palabras con al menos 5 caracteres en la lista.

Sol.111

Solución y explicación:

```python
# Solicitar al usuario que ingrese una lista de números
# enteros separados por comas
numeros = input("Ingrese una lista de números enteros separados por comas: ").split(',')

# Convertir los números a enteros
numeros = [int(num) for num in numeros]
```

```python
# Encontrar el segundo número más grande en la lista
numeros_ordenados = sorted(set(numeros), reverse=True)
segundo_maximo = numeros_ordenados[1] if
len(numeros_ordenados) > 1 else "No hay segundo máximo"

# Imprimir el resultado
print("El segundo número más grande en la lista es:",
segundo_maximo)
```

Explicación:

En la solución, primero convertimos los números ingresados por el usuario en una lista de enteros. Luego, eliminamos los duplicados y ordenamos la lista de forma descendente. Si hay al menos dos números en la lista ordenada, el segundo número más grande estará en la posición [1]. Si la lista tiene menos de dos números, significa que no hay un segundo máximo y lo indicamos con el mensaje "No hay segundo máximo".

Sol.112

Solución y explicación:

```python
# Solicitar al usuario que ingrese una lista de palabras
# separadas por comas
palabras = input("Ingrese una lista de palabras separadas por
comas: ").split(',')

# Contar el número de palabras que son palíndromos
contador = sum(1 for palabra in palabras if palabra ==
palabra[::-1])

# Imprimir el resultado
print("El número de palabras que son palíndromos es:",
contador)
```

Explicación:

En la solución, utilizamos una expresión generadora junto con la función `sum()` para contar eficientemente el número de palabras que son palíndromos en la lista. La expresión generadora `(1 for palabra in palabras if palabra == palabra[::-1])` genera 1 para cada palabra que es un palíndromo, y la función `sum()` suma estos valores, lo que nos da el número total de palabras que son palíndromos en la lista.

Sol. 113

Solución y explicación:

```
# Solicitar al usuario que ingrese una lista de números
enteros separados por espacios
numeros = input("Ingrese una lista de números enteros
separados por espacios: ").split()

# Convertir los números a enteros
numeros = [int(num) for num in numeros]

# Encontrar la diferencia absoluta máxima entre dos números
consecutivos
max_diferencia = max(abs(numeros[i] - numeros[i+1]) for i in
range(len(numeros) - 1))

# Imprimir el resultado
if max_diferencia == 0:
  print("Todos los números en la lista son iguales.")
else:
  print("La diferencia absoluta máxima entre dos números
consecutivos es:", max_diferencia)
```

Explicación:

En la solución, después de encontrar la diferencia absoluta máxima entre dos números consecutivos, se añade una condición para verificar si todos los números en la lista son iguales. Si la diferencia absoluta máxima es 0, significa que todos los números son iguales. En este caso, se imprime un mensaje indicando este hecho. De lo contrario, se imprime la diferencia absoluta máxima entre dos números consecutivos. Esto garantiza que el programa maneje correctamente el caso en el que todos los números en la lista sean iguales.

Sol. 114

```
def dividir_lista(lista, divisor):
  """
  Divide cada elemento de la lista por el divisor y devuelve
  una nueva lista con los resultados.

  Argumentos:
  lista -- Una lista de números.
  divisor -- El divisor para la división.

  Retorna:
  Una nueva lista con los resultados de la división.
  """
  resultado = []
  for numero in lista:
  if divisor != 0:
  resultado.append(numero / divisor)
  else:
  resultado.append(None) # Otra opción podría ser levantar una excepción aquí
  return resultado

# Ejemplo de uso
numeros = [10, 20, 30, 40, 50]
divisor = 0
resultado = dividir_lista(numeros, divisor)
print("Resultado de la división:", resultado)
```

Explicación:

En la solución, se añade una condición para verificar si el divisor es diferente de cero antes de realizar la división. Si el divisor es cero, se podría elegir devolver `None` para indicar que la división no es aplicable en este caso, o levantar una excepción para manejar este escenario de forma más robusta.

Sol. 115

```
def calcular_raices_cuadraticas(a, b, c):
    """
    Calcula las raíces cuadráticas de la ecuación cuadrática ax^2
    + bx + c = 0.

    Argumentos:
    a -- El coeficiente cuadrático.
    b -- El coeficiente lineal.
    c -- El término independiente.

    Retorna:
    Una tupla con las raíces cuadráticas de la ecuación.
    """
    discriminante = b ** 2 - 4 * a * c
    if discriminante < 0:
    return "Raíces complejas, no se pueden calcular"
    raiz1 = (-b + discriminante ** 0.5) / (2 * a)
    raiz2 = (-b - discriminante ** 0.5) / (2 * a)
    return (raiz1, raiz2)

# Ejemplo de uso
coeficientes = (1, -3, 2)
raices = calcular_raices_cuadraticas(*coeficientes)
print("Raíces cuadráticas:", raices)
```

Explicación:

En la solución, se añade una condición para verificar si el discriminante es negativo. En caso afirmativo, se devuelve un mensaje indicando que las raíces son complejas y no se pueden calcular. Esto evita calcular raíces complejas y proporciona un manejo adecuado de este escenario.

Sol.116

El error en el código es que la función suma() se está llamando antes de ser definida. En Python, las funciones deben ser definidas antes de ser utilizadas. Para corregir esto, simplemente mueve la definición de la función suma() arriba de donde se llama en el código. Aquí está el código corregido:

```
def suma(a, b):
  return a + b

resultado = suma(3, 4)
print("El resultado de la suma es:", resultado)
```

Con esta corrección, la función `suma()` está definida antes de ser llamada, evitando cualquier error. Ahora el código imprimirá correctamente el resultado de la suma de 3 y 4, que es 7.

Sol. 117

El error en el código es que falta un : al final de la línea que sigue a la condición `elif hora >= 12 and hora < 18`. Aquí tienes el código corregido:

```
hora = 15

if hora < 12:
    print("Buenos días")
elif hora >= 12 and hora < 18:
    print("Buenas tardes")
else:
```

```
print("Buenas noches")
```

Con esta corrección, el código se ejecutará correctamente y imprimirá "Buenas tardes", ya que la hora es mayor o igual a 12 y menor que 18.

Sol. 118

El código tiene varios errores de sintaxis. Aquí está el código corregido:

```
numero = -5

if numero > 0:

    print("El número es positivo.")

elif numero == 0:

    print("El número es cero.")

else:

    print("El número es negativo.")
```

Los errores corregidos son:

> Se añadió dos puntos : después de `elif numero == 0` y `else`.
> Se añadieron espacios en blanco después de `else` y `elif`.
> Se corrigió el condicional en `elif` para que sea `numero == 0`, en lugar de `numero = 0`.

Con estas correcciones, el código debería funcionar correctamente y determinar si el número es positivo, cero o negativo, según su valor.

Sol.119

El código tiene un error de sintaxis en la línea que sigue a la condición `elif numero >= 10 and numero < 100`. Falta un : al final de esa línea. Aquí tienes el código corregido:

```
numero = 25

if numero < 10:

    print("El número es de un solo dígito.")

elif numero >= 10 and numero < 100:

    print("El número es de dos dígitos.")

elif numero >= 100 and numero < 1000:

    print("El número es de tres dígitos.")

else:

    print("El número es muy grande.")
```

Con esta corrección, el código debería ejecutarse correctamente y determinar si el número tiene un solo dígito, dos dígitos, tres dígitos o es muy grande, según su valor.

Sol. 120

Puedes lograr esto convirtiendo el número ingresado por el usuario en una cadena de caracteres (string) y luego iterar sobre cada dígito para sumarlos. Aquí tienes el código:

```
numero = input("Ingrese un número entero: ")
```

```python
# Inicializamos la variable para almacenar la suma de los
dígitos
suma_digitos = 0

# Iteramos sobre cada dígito en el número ingresado por el
usuario
for digito in numero:
 # Convertimos el dígito de cadena a entero y lo sumamos a la
suma total
 suma_digitos += int(digito)

# Imprimimos el resultado
print("La suma de los dígitos es:", suma_digitos)
```

Con este código, solicitamos al usuario que ingrese un número entero. Luego, iteramos sobre cada dígito en el número ingresado, convertimos cada dígito de cadena a entero y los sumamos. Finalmente, imprimimos la suma de los dígitos. Por ejemplo, si el usuario ingresa 123, el programa imprimirá la suma 6 (1 + 2 + 3).

Sol. 121

Puedes crear una función que verifique si una cadena es un palíndromo comparando la cadena original con su reverso. Aquí tienes una posible implementación en Python:

```python
def es_palindromo(cadena):
 # Convertimos la cadena a minúsculas y eliminamos los
espacios en blanco
 cadena = cadena.lower().replace(" ", "")
 # Comparamos la cadena original con su reverso
 return cadena == cadena[::-1]
```

```
# Ejemplos de uso
cadena1 = "reconocer"
cadena2 = "Hola mundo"

print("¿La cadena '{}' es un palíndromo? {}".format(cadena1, es_palindromo(cadena1)))
print("¿La cadena '{}' es un palíndromo? {}".format(cadena2, es_palindromo(cadena2)))
```

Esta función toma una cadena como entrada, la convierte a minúsculas y elimina los espacios en blanco. Luego, compara la cadena original con su reverso (obtenido usando slicing con `cadena[::-1]`). Si son iguales, la función devuelve `True`, lo que indica que la cadena es un palíndromo; de lo contrario, devuelve `False`.

Al ejecutar este código, deberías obtener la salida:

```
¿La cadena 'reconocer' es un palíndromo? True
¿La cadena 'Hola mundo' es un palíndromo? False
```

Como esperado, la cadena "reconocer" es un palíndromo, mientras que la cadena "Hola mundo" no lo es.

Sol.122

Puedes crear una función que calcule el factorial de un número entero no negativo ingresado por el usuario utilizando un bucle `for` para multiplicar todos los números enteros desde 1 hasta el número ingresado. Aquí tienes una posible implementación en Python:

```
def factorial(numero):
```

```python
    # Inicializamos el resultado como 1
    resultado = 1

    # Iteramos desde 1 hasta el número ingresado (inclusive)
    for i in range(1, numero + 1):
    # Multiplicamos el resultado actual por el número en la
       iteración actual
    resultado *= i

    return resultado

# Solicitamos al usuario que ingrese un número entero no negativo
while True:
  try:
  numero = int(input("Ingrese un número entero no negativo: "))
  if numero < 0:
  raise ValueError("El número debe ser no negativo.")
  break
  except ValueError:
  print("Por favor, ingrese un número entero válido.")

# Calculamos el factorial del número ingresado usando la función
    factorial
resultado_factorial = factorial(numero)

# Imprimimos el resultado
print("El factorial de {} es: {}".format(numero,
    resultado_factorial))
```

Esta función `factorial()` toma un número entero `numero` como entrada y utiliza un bucle `for` para multiplicar todos los números enteros desde 1 hasta `numero`, inclusive. Luego, devuelve el resultado del factorial.

Después de solicitar al usuario que ingrese un número entero no negativo, la función `factorial()` se llama con este número y se imprime el resultado del factorial.

Por ejemplo, si el usuario ingresa 5, el programa calculará y mostrará el factorial de 5, que es 120.

Sol. 123

Puedes implementar el algoritmo de ordenamiento de selección para ordenar una lista de números enteros ingresados por el usuario. Aquí tienes una posible implementación en Python:

```python
def ordenamiento_seleccion(lista):
    # Recorremos la lista
    for i in range(len(lista)):
        # Encontramos el índice del mínimo elemento restante
        indice_minimo = i
        for j in range(i+1, len(lista)):
            if lista[j] < lista[indice_minimo]:
                indice_minimo = j

        # Intercambiamos el mínimo encontrado con el elemento en la
        # posición actual
        lista[i], lista[indice_minimo] = lista[indice_minimo], lista[i]

# Solicitamos al usuario que ingrese una lista de números enteros
while True:
    try:
        entrada = input("Ingrese una lista de números enteros separados por espacio: ")
        lista_numeros = [int(num) for num in entrada.split()]
        break
    except ValueError:
        print("Por favor, ingrese una lista válida de números enteros.")
```

```
# Ordenamos la lista ingresada por el usuario utilizando el
  algoritmo de ordenamiento de selección
ordenamiento_seleccion(lista_numeros)

# Mostramos la lista ordenada
print("La lista ordenada es:", lista_numeros)
```

Este programa primero solicita al usuario que ingrese una lista de números enteros separados por espacios. Luego, utiliza una lista por comprensión para convertir la entrada en una lista de números enteros.

Después, la función `ordenamiento_seleccion()` recorre la lista utilizando el algoritmo de ordenamiento de selección para ordenarla de menor a mayor.

Finalmente, el programa imprime la lista ordenada.

Por ejemplo, si el usuario ingresa la lista `[5, 2, 8, 1, 9]`, el programa imprimirá `[1, 2, 5, 8, 9]`, que es la lista ordenada de menor a mayor.

Sol. 124

Puedes crear una función que calcule los primeros n términos de la secuencia de Fibonacci utilizando un bucle `for` para generar cada término de la secuencia. Aquí tienes una posible implementación en Python:

```
def fibonacci(n):
  # Inicializamos la lista para almacenar los términos de la
secuencia de Fibonacci
  secuencia = [0, 1]

  # Generamos los términos de la secuencia de Fibonacci
  for i in range(2, n):
  # Calculamos el siguiente término como la suma de los dos
términos anteriores
```

```
    siguiente = secuencia[-1] + secuencia[-2]
    secuencia.append(siguiente)

    return secuencia[:n]

# Solicitamos al usuario que ingrese la cantidad de términos
de la secuencia de Fibonacci que desea calcular
while True:
 try:
  n = int(input("Ingrese la cantidad de términos de la
secuencia de Fibonacci que desea calcular: "))
  if n <= 0:
   raise ValueError("El número de términos debe ser positivo.")
  break
 except ValueError:
  print("Por favor, ingrese un número entero positivo.")

# Calculamos los primeros n términos de la secuencia de
Fibonacci utilizando la función fibonacci
terminos_fibonacci = fibonacci(n)

# Mostramos los términos calculados
print("Los primeros {} términos de la secuencia de Fibonacci
son: {}".format(n, terminos_fibonacci))
```

Esta función `fibonacci()` toma un número entero `n` como entrada y utiliza un bucle `for` para generar los primeros n términos de la secuencia de Fibonacci. Cada término se calcula como la suma de los dos términos anteriores y se almacena en una lista llamada `secuencia`. La función devuelve los primeros n términos de la secuencia de Fibonacci.

El programa primero solicita al usuario que ingrese la cantidad de términos de la secuencia de Fibonacci que desea calcular. Luego, utiliza la función `fibonacci()` para calcular los términos y los muestra.

Por ejemplo, si el usuario ingresa `10`, el programa calculará los primeros 10 términos de la secuencia de Fibonacci y los mostrará. La salida será `[0, 1, 1, 2, 3, 5, 8, 13, 21, 34]`.

www.ingramcontent.com/pod-product-compliance
Lightning Source LLC
Chambersburg PA
CBHW062101220526
45471CB00010B/3556